FERNANDO MARCELINO PEREIRA

LÊNIN

DA NEP AO SOCIALISMO DE MERCADO

KOTTER EDITORIAL

Diretor editorial: Sálvio Nienkötter
Coordenação editorial: Claudecir de Oliveira Rocha
Editor-executivo: José Ramos Junior
Editor-assistente: Luiz Felipe Cunha
Capa: Leo Marino
Design editorial: Carlos Garcia Fernandes
Produção: Joehverson Guslem Jacob
Preparação de originais e revisão: O Autor

Dados Internacionais de Catalogação na Publicação (CIP)
Angelica Ilacqua CRB-8/7057

P491L
Pereira, Fernando Marcelino
Lênin : da NEP ao socialismo de mercado / Fernando Marcelino Pereira. — Curitiba : Kotter editorial, 2025.
144 p.

Bibliografia
ISBN 978-65-5361-491-8

1. Ciência política 2. Socialismo 3. Lenin, Vladimir Ilitch, 1870-1924 I. Título
CDD 320

25-4012

Kotter Editorial Ltda.
Rua das Cerejeiras, 194
CEP: 82700-510 - Curitiba - PR
Tel. + 55(41) 3585-5161
www.kotter.com.br | contato@kotter.com.br

Feito o depósito legal
1ª Edição
2025

FERNANDO MARCELINO PEREIRA

LÊNIN

DA NEP AO SOCIALISMO DE MERCADO

Lênin, *O que fazer?*

LÊNIN

SUMÁRIO

1. Introdução: por que Lênin hoje?

Em um mundo marcado por crises econômicas recorrentes, desigualdades profundas e a crescente financeirização do capital, a obra de Vladimir Ilitch Lênin ressurge para aqueles que buscam não apenas interpretar a realidade, mas transformá-la. Seu pensamento, longe de ser uma relíquia histórica, oferece ferramentas analíticas poderosas para compreender as contradições do capitalismo contemporâneo e os desafios da construção de alternativas emancipatórias. Mas não seria ele o responsável pelo experimento do socialismo real que fracassou com o fim da URSS? O que poderia ser útil para nossa época marcada pela globalização irrefreável do capital e o pós-modernismo? Para alguns, voltar a Slavoj Zizek está certo ao dizer que, se há um consenso na atualidade, é que devemos deixar para trás o legado leninista: o implacável enfoque na luta de classes, a organização do partido revolucionário, a tomada do poder, a ditadura do proletariado, etc. (Zizek, 2011). Porém, vemos de outra forma sua contribuição. Sabemos que Lênin foi o líder da revolução bolchevique de 1917. Ela inaugura um período que transforma a história moderna dos Estados. Após vencer a guerra civil, Lênin colocou-se diante do caminho para o desenvolvimento socialista, numa nação onde as forças produtivas se encontravam atrasadas. Daí advém uma das contribuições mais relevantes de Lênin, a Nova Política Econômica (NEP), implementada na Rússia Soviética entre 1921 e 1928, que se destaca como um momento de audaciosa reflexão estratégica. Diante do colapso do "comunismo de guerra", Lênin propôs uma flexibilização temporária da economia, reintroduzindo elementos de mercado e permitindo certa iniciativa privada, sem abrir mão do controle estatal dos setores-chave. A NEP reintroduziu elementos de mercado (permitindo concessões, pequenas empresas privadas, comércio livre e impostos em espécie no campo) e o capitalismo de Estado. Essa experiência, frequentemente mal interpretada ou reduzida a um mero "recuo tático", revela-se um laboratório riquíssimo para pensar as relações entre Estado, planejamento e mercado — questões que continuam a desafiar projetos socialistas no século XXI.

Lênin mostra que os socialistas devem ser capazes de recuar quando as condições materiais exigem, sem abandonar os objetivos estratégicos. Em 1922, diante da implantação da NEP, Lênin escreveu um curto texto intitulado "Sobre a Escalada de uma Alta Montanha". Ele usa a metáfora de um alpinista que precisa recuar até o ponto zero, até o chão, após sua primeira tentativa de alcançar um novo pico, para descrever como alguém pode recuar sem trair oportunisticamente sua fidelidade à causa. Os comunistas "que não se entregam ao desânimo e que preservam sua força e flexibilidade para 'começar do começo' várias vezes, ao enfrentar uma tarefa extremamente difícil, não estão condenados".

Nós criamos um estado de tipo soviético e por isso nós inauguramos uma nova era da história mundial, a era da dominação política do proletariado, que deverá suceder a era da dominação burguesa. Ninguém pode nos despojar disso, apesar de que o estado de tipo soviético apenas terá seus toques finais dados com o auxílio da experiência prática da classe trabalhadora de diversos países. Mas nós ainda não terminamos de construir sequer as fundações da economia socialista e as potências hostis do capitalismo moribundo podem nos despojar disso. Nós devemos ter isso claro e admiti-lo francamente; pois não há nada mais perigoso que ilusões (e vertigem, particularmente em altas altitudes). E não há absolutamente nada de horrível, nada que deva dar um fundamento legítimo para o menor desânimo, em admitir essa verdade; pois nós sempre urgimos e reiteramos a verdade elementar do marxismo – de que as forças conjuntas dos trabalhadores de vários países avançados são necessárias para a vitória do socialismo. Nós permanecemos sozinhos em um país atrasado, um país que foi mais arruinado que outros, mas nós conquistamos um grande resultado. Mais do que isso – nós preservamos intacto o exército das forças proletárias revolucionárias; nós preservamos sua habilidade de manobra; nós mantivemos a cabeça no lugar e podemos calcular sobriamente onde, quando e quão longe retroceder (a fim de seguir mais adiante); onde, quando e como trabalhar para concluir o que permaneceu incompleto. Estão condenados aqueles comunistas que imaginam ser possível finalizar um empreendimento tão inaugurador de uma época como completar as fundações de uma economia socialista (particularmente em um país de pequenos camponeses) sem cometer erros, sem recuos, sem inúmeras alterações naquilo que está incompleto ou feito de maneira errada. Comunistas que não têm ilusões, que não dão espaço ao desânimo e que preservam sua força e flexibilidade "para começar do começo" de novo e de novo, lidando com uma tarefa extremamente difícil, não estão condenados (e tem toda a probabilidade de não perecer).

E conclui que "nós não devemos portar nenhuma ilusão ou deixarmo-nos levar pelo desânimo. Se nós não temos medo de admitir nossos erros, nem medo de fazer esforços repetidos para corrigi-los – nós devemos chegar ao topo da montanha".

Mais recentemente, países como China, Vietnã e Laos adotaram reformas de mercado inspiradas indiretamente na NEP (como o "Socialismo de Mercado"), dando maior relevância a este aspecto peculiar e praticamente desconhecido da teoria marxista e leninista. No meio da grande depressão do século XXI, a grande formação social emergente (com a China em seu epicentro) propõe a reconexão entre capital fictício à economia produtiva, não como uma rendição ao capitalismo, mas uma tentativa de dominar seus mecanismos para fortalecer as bases materiais do socialismo. Num contexto em que se volta a debater caminhos para uma transição pós-capitalista, o estudo da NEP oferece valiosas contribuições. Este livro se propõe a revisitar a NEP não como um episódio encerrado no passado, mas como uma fonte de lições para os dilemas do presente. Afinal, se Lênin nos ensinou algo, foi que a teoria revolucionária deve ser constantemente recriada à luz das condições concretas.

2. De Marx a Lênin

Karl Marx concluiu que o sistema econômico e social capitalista gerava contradições próprias que deveriam transformá-lo, ao amadurecer, numa sociedade de novo tipo. Chamou-a socialismo (fase inicial) e comunismo (fase superior). São diferentes modos de produção com correspondências próprias entre uma estrutura econômica (forças produtivas + relações de produção), uma estrutura jurídico-política (responsável por garantir a unidade da formação social sob a dominância desse modo de produção produzindo as condições de sua reprodução) e uma estrutura ideológica que interpela os indivíduos como sujeitos do modo de produção (engajando, pelo imaginário, os indivíduos em relações sociais objetivas). Para Marx, o caminho do socialismo se abriria apenas quando as forças produtivas atingissem um alto nível de desenvolvimento capitalista e só poderia se desenvolver com uma economia planificada socialista. O desenvolvimento das forças produtivas se chocaria com a estreiteza e a mesquinhez das relações de propriedade, colocando-as em tensão e forçando sua transformação em relações de novo tipo, em que a cooperação, e não o conflito, deveria ser predominante. O socialismo seria, desse modo, uma criação direta das contradições do capitalismo. Esta sociedade não desapareceria antes que se desenvolvessem todas as forças produtivas que ela podia comportar. E jamais apareceriam relações de produção novas e mais elevadas antes que as condições materiais para a sua existência houvessem brotado no seio da própria sociedade capitalista. Nessas condições, Inglaterra, França, Alemanha e Estados Unidos estavam fadados a vivenciar as primeiras revoluções socialistas.

Nas palavras de Marx, o socialismo é "arrancar gradualmente das mãos da burguesia todo o capital, para concentrar todos os instrumentos de produção nas mãos do Estado e aumentar com a máxima rapidez possível a massa das forças produtivas". Seria no mínimo ingênuo acreditar que tal processo poderia ser feito sem uma contínua centralização burocrática, militar e policial do Estado, exprimindo de forma revolucionária o poder da nova classe dominante. Para Marx, uma formação econômico-social é uma estrutura complexa de dominação, combinando vários modos de produção, dos quais um é o dominante. Este modo de produção dominante condiciona o funcionamento dos modos de produção subordinados. Estas estruturas complexas não são simples justaposições de diversos modos de produção, mas estruturas complexas únicas ou unitárias dotadas de causalidade estrutural própria, submetidas em geral ao predomínio de uma estrutura específica que corresponde à do modo de produção dominante.

O socialismo, por vezes chamado por Marx de "primeira etapa da sociedade comunista", é uma sociedade "não como ela se desenvolveu a partir de suas próprias bases, mas, ao contrário, como ela acaba de sair da sociedade capitalista, portanto trazendo de nascença as marcas econômicas, morais e espirituais herdadas da velha sociedade de cujo ventre ela saiu". Trata-se, portanto, de uma fase de transição, de uma sociedade que sai diretamente da sociedade capitalista. Trata-se de uma ideia que corresponde à afirmação que Marx faz em sua crítica do Programa de Gotha:

"Entre a sociedade capitalista e a comunista, situa-se o período da transformação revolucionária de uma na outra. A ele corresponde também um período político de transição, cujo Estado não pode ser senão a ditadura revolucionária do proletariado". A posição de Marx é clara: a ditadura revolucionária do proletariado é a forma que o Estado assume na fase de transição, ou na primeira etapa do comunismo – também conhecida como socialismo. Trata-se, portanto, não de uma fase de transição nomeada ditadura do proletariado, seguida por uma segunda fase de transição chamada de socialismo. O socialismo, enquanto fase de transição, corresponde ao período em que o proletariado toma o poder político e inicia o processo de transformação da sociedade rumo ao comunismo, e neste sentido, a ditadura do proletariado se dá sob o socialismo e não antes dele.

Os anarquistas historicamente lutaram contra o Estado, mas, em princípio, eles não visavam tomar o poder – eles se recusariam a tomá-lo a qualquer custo. Enquanto Marx e Engels propunham que os socialistas tomassem o poder e construíssem um novo estado que expressasse diretamente os interesses da classe trabalhadora (o que eles chamaram de "ditadura do proletariado" em oposição à "ditadura do capital"), o líder anarquista Bakunin recomendou que "uma vez que o proletariado tome o Estado, ele deve agir imediatamente para aboli-lo". Isso soa bem, mas o plano de Bakunin para derrubar o capitalismo mostra grande ingenuidade. Toda revolução nasce com um campo contrarrevolucionário. Se triunfantes, os revolucionários devem aproveitar todos os recursos à sua disposição para se defender de uma reação dos mercenários, milícias de direita e outras forças do lado do capital. Declará-lo "abolido" Em 1877, Friedrich Engels aponta em *Do socialismo utópico ao socialismo científico* que:

> As concepções dos utopistas dominaram durante muito tempo as idéias socialistas do século XIX, e em parte ainda hoje

> as dominam [...]. Para todos eles, o socialismo é a expressão da verdade absoluta, da razão e da justiça, e é bastante revelá-lo para, graças à sua virtude, conquistar o mundo. E, como a verdade absoluta não está sujeita a condições de espaço e de tempo nem ao desenvolvimento histórico da humanidade, só o acaso pode decidir quando e onde essa descoberta se revelará. Acrescente-se a isso que a verdade absoluta, a razão e a justiça variam com os fundadores de cada escola; e como o caráter específico da verdade absoluta, da razão e da justiça está condicionado, por sua vez, em cada um deles, pela Inteligência pessoal, condições de vida, estado de cultura e disciplina mental, resulta que nesse conflito de verdades absolutas a única solução é que elas vão acomodando-se umas às outras. E, assim, era inevitável que surgisse uma espécie de socialismo eclético e medíocre, como o que, com efeito, continua imperando ainda nas cabeças da maior parte dos operários socialistas da França e da Inglaterra: uma mistura extraordinariamente variada e cheia de matizes, compostas de desabafos críticos, princípios econômicos e as imagens sociais do futuro menos discutíveis dos diversos fundadores de seitas, mistura tanto mais fácil de compor quanto mais os ingredientes individuais iam perdendo, na torrente da discussão, os seus contornos sutis e agudos, como as pedras limadas pela corrente de um rio. Para converter o socialismo em ciência era necessário, antes de tudo, situá-lo no terreno da realidade.

A história do século XX não seguiu a previsão de Marx e Engels, pois as revoluções socialistas tiveram como palco central países atrasados. No século XIX, experiências socialistas haviam sido tentadas, como a de Robert Owen na Inglaterra e a Comuna de Paris em 1871, mas nenhuma delas sobreviveu ao cerco capitalista nem conquistou o poder estatal com a tarefa de eliminar o antigo sistema econômico e político para construir um novo. A trajetória do socialismo real não começa na Inglaterra ou na França, mas com a vitória dos bolcheviques na Revolução Russa em 1917, o que transformou o país, renomeado de União Soviética, no primeiro Estado socialista da História. As mudanças sociais e políticas nem sempre esperam que o capitalismo esteja completamente maduro. Por isso mesmo, a construção do socialismo soviético não foi fácil. Embora tenha começado sua caminhada com grandes promessas e esperanças, a situação real colocada em seus primeiros passos foram as brutais dificuldades de um país arrasado pela guerra, sem contar com o apoio do sucesso revolucionário em qualquer país avançado, confrontado com um forte bloqueio econômico de todos os países capitalistas, com uma guerra civil promovida pelas tropas fiéis do antigo regime e por forças militares de diversas potências estrangeiras, além de uma forte disputa interna sobre os caminhos a seguir após a tomada do poder político.

Marx não previu que os revolucionários comunistas teriam sucesso em impérios agrários economicamente subdesenvolvidos. Ele teorizou a revolução como o ponto final inevitável da industrialização e viu o socialismo como a culminância do desenvolvimento capitalista. Os escritos de Marx, portanto, ofereceram pouca orientação a qualquer líder revolucionário que tomasse o controle de um país que ainda não havia se industrializado. Se Marx previu que a ocorrência do socialismo só viria em estágios avançados do capitalismo, o que fazer quando o proletariado se vê obrigado a fazer a revolução social onde o capitalismo não esteja avançado, como aconteceu na Rússia, China, Cuba e outros países? Durante o século XX, o crescimento das lutas dos operários, camponeses e outras camadas populares de países atrasados, assim como os conflitos de interesse entre camadas burguesas locais e as burguesias imperialistas, abriu um novo horizonte, fazendo com que a possibilidade de revoluções socialistas se transferisse dos países capitalistas avançados para os atrasados. É evidente que essa situação entrava em contradição com as condições materiais exigidas por Marx para o socialismo. Porém, deveriam os socialistas no poder encaminhar até o final o desenvolvimento das forças produtivas possíveis pelas relações capitalistas de produção ou devolver o poder à burguesia para realizar o pleno desenvolvimento do capitalismo?

3. Da revolução de 1917 ao comunismo de guerra

A queda da monarquia russa ocorreu em fevereiro de 1917, quando o poder político ficou brevemente em um "vácuo". A partir das vacilações dos mencheviques e dos socialistas revolucionários, partidos estes que "ganharam" o poder – e que não sabiam o que fazer com ele –, os bolcheviques conseguiram angariar o apoio da população com o lema "pão, paz e terra" e, em outubro, estabeleceram seu poder político.

Algumas das primeiras medidas foram a saída imediata da guerra – o que levou à formulação do acordo de Brest-Litovsk, alvo de muitas críticas –, uma reforma agrária que distribuiu terras (privadas) aos camponeses, que deveriam "pagar" ao Estado parte de sua produção in natura – foco dos socialistas-revolucionários de esquerda e tarefa da revolução burguesa que os bolcheviques se propuseram a realizar para ter o apoio do campesinato –, e o confisco da grande propriedade. De 1917 até 1921, o foco foi a consolidação do poder comunista, chamado de "comunismo de guerra". Era um programa emergencial para restabelecer a unidade e a defesa nacional, a consolidação do novo aparato estatal voltando para o combate contra a fome, a miséria e o desespero que assolava a Rússia.

Lênin apontou que o primeiro passo consistia em romper a "máquina estatal existente" e não se limitar simplesmente a apoderar-se dela. Considerava que a transição de uma sociedade capitalista que se desenvolve no sentido do comunismo é impossível sem um período político de transição, e neste período o Estado não podia ser outro senão a ditadura do proletariado. Entre as transformações econômicas que deviam ter lugar no início do período de transição, destacava: a transformação da propriedade privada capitalista sobre os meios de produção em propriedade social, a nacionalização dos bancos e monopólios capitalistas (açúcar, petróleo, carvão, aço, etc.), assim como a abolição do segredo comercial e o cancelamento de todas as dívidas do Estado; em seguida, reorganizar a grande produção partindo do que havia já sido criado pelo capitalismo, mas aproveitando a própria experiência operária e estabelecendo uma disciplina rigorosa, apoiada no poder estatal dos operários armados. Este começo, baseado na grande produção, conduziria por si mesmo à extinção gradual da burocracia e à criação de uma ordem que não se pareceria em nada com a escravatura assalariada, uma ordem em que as funções de inspeção e contabilidade, cada vez mais simplificadas, seriam executadas por todos e no futuro desapareceriam como funções especiais.

Lênin herdou as posições fundamentais de Marx sobre a ditadura do proletariado. Em *Estado e a Revolução* afirma que "confinar o Marxismo a doutrina da luta de classes significa reduzir o Marxismo, distorcê-lo, reduzindo-o aquilo que é aceitável para a burguesia". Só que, para Lênin, como a Rússia, apesar de ser um país capitalista, o seu nível de desenvolvimento era bastante débil, principalmente comparado com os países capitalistas desenvolvidos, a etapa transitória do socialismo seria relativamente longa. De acordo com Lênin, a ditadura do proletariado é uma "luta persistente — sangrenta e incruenta, violenta e pacífica, militar e econômica, educacional e administrativa — contra as forças e tradições da velha sociedade". Da mesma maneira que Marx, também considerava que em uma sociedade em que persistiam as diferenças entre camponeses e proletários, mesmo que o proletariado tenha derrubado a burguesia e instaurado o seu próprio poder, ainda não era possível considerá-la como uma sociedade socialista completa. Sua principal diferença é que a fonte de autoridade do governo proletário não pode ser uma lei do Estado burguês. Isso, para Lênin, significa que a construção da ordem socialista não pode resultar de reformas legislativas promulgadas por um parlamento burguês. O Estado dos trabalhadores estabelece suas próprias regras, suas próprias leis, seus próprios padrões, que não se baseiam nas leis, instituições políticas ou princípios de legitimação burgueses.

Se a presença simultânea e a interação de vários modos de produção caracterizam qualquer formação econ mico-social real, também caracterizam as formações econômico-sociais de transição; mas nestes casos intervêm dois elementos suplementares fundamentais: so expressava uma estrutura econômica complexa, mas ao mesmo tempo uma formação econômico-social de transição para o socialismo; porque a classe operária detinha o poder estatal e o controle dos principais setores da economia.

Nas formações econ mico-sociais de transição para o socialismo, o período de transição seria constituído por dois momentos: a) o estágio inicial ou período de instabilidade inicial; e b) o que Marx enunciou como o período de "consolidação social do modo de produção". O estágio inicial ou primeiro estágio do período de transição, caracteriza-se pelo desmantelamento e a ruptura final com a totalidade dominante anterior, a dominação do modo de produção capitalista, e, portanto, o futuro da nova formação económico-social não está assegurado ou é ainda incerto. Por outro lado, a consolidação da nova formação econômico-social ou fase de transição para o socialismo propriamente dita, seria caracterizada pela ausência de adequação relativamente extensa das novas relações sociais e das forças produtivas, o que coloca certo tipo de contradições entre a forma de propriedade e o modo real de apropriação; por outras palavras, não se verificaram ainda as condições para a reprodução ampliada das novas relações sociais. Sintetizando, o período de transição seria composto por três processos com as suas temporalidades respectivas: a) o estágio inicial; b) a fase de transição em sentido estrito ou fase de inadequação entre as novas relações sociais e as forças produtivas; e c) a fase da reprodução ampliada da nova formação econômico-social socialista. Cada uma destas fases se caracteriza por uma articulação específica dos níveis da formação económico-social e das suas contradições, e, portanto, de um certo tipo de desenvolvimento desigual destas contradições.

Comparado à perspectiva geral de *Estado e Revolução*, antes de 1917, segundo a qual teria sido relativamente fácil alcançar o controle de massa sobre a economia, sobre os ex-funcionários capitalistas da produção e distribuição, aqui L nin deve aceitar dramaticamente – como ele havia expressado mais claramente um mês antes em *As Tarefas Imediatas do Poder Soviético* "Mas nós 'quebramos' suficientemente os sabotadores. Falta-nos algo mais: não sabemos como calcular onde colocar este ou aquele sabotador, não sabemos como organizar nossas forças para o controle que, digamos, um líder ou controlador bolchevique exerce sobre cem sabotadores que vêm trabalhar para nós". Sem que a vanguarda do proletariado e das massas adquira essa capacidade de "calcular", "controlar" e "gerenciar", qualquer discurso sobre socialização efetiva será vazio. Esta é também a diferença fundamental entre a revolução burguesa e a revolução proletária:

Nas revoluções burguesas, a principal tarefa das massas trabalhadoras era realizar a ação negativa, ou destrutiva, de varrer o feudalismo, a monarquia e a Idade Média. A ação positiva, ou criativa, de organizar a nova sociedade era realizada pela minoria burguesa possessiva da população. E eles realizaram essa tarefa, apesar da resistência dos trabalhadores e camponeses, com relativa facilidade, não apenas porque a resistência das massas exploradas pelo capital era então extremamente fraca, dada sua dispersão e atraso, mas também porque a força organizadora fundamental da sociedade capitalista, construída anarquicamente, é o mercado nacional e internacional, que se desenvolve espontaneamente em amplitude e profundidade. Ao contrário, em toda revolução socialista — e, consequentemente, também na revolução socialista que iniciamos na Rússia em 25 de outubro de 1917 —, a principal tarefa do proletariado e dos camponeses pobres por ele liderados é o trabalho positivo ou criativo de estabelecer um sistema extremamente complexo e delicado de novas relações organizacionais, abrangendo a produção e distribuição planejadas dos produtos necessários à existência de dezenas de milhões de pessoas. Esta revolução só poderá ser realizada com sucesso se a maioria da população, e sobretudo a maioria dos trabalhadores, for capaz de uma atividade historicamente criativa e autônoma. Somente se o proletariado e os camponeses pobres forem capazes de encontrar em si mesmos a consciência, a força ideal, a abnegação e a tenacidade, a vitória da revolução socialista estará garantida. Ao criar um novo tipo de Estado, o Estado soviético, que oferece às massas trabalhadoras e oprimidas a oportunidade de participar mais ativamente na construção autônoma da nova sociedade, realizamos apenas uma pequena parte de uma tarefa árdua. A principal dificuldade reside no setor econômico: realizar em todos os lugares o inventário e o controle mais rigorosos da produção e distribuição de produtos, aumentar a produtividade do trabalho e socializar efetivamente a produção. [...] E toda a originalidade do momento presente, toda a sua dificuldade reside em compreender a peculiaridade da transição do período em que a tarefa principal era convencer o povo e esmagar militarmente os exploradores, para o período em que a tarefa principal é administrar (As Tarefas Imediatas do Poder Soviético).

A incapacidade do antigo regime de promover o desenvolvimento capitalista das forças produtivas trouxe ao novo regime revolucionário como sua principal missão desenvolver no menor prazo possível e de forma plena as forças produtivas. Já em 1918, no texto "As tarefas imediatas do Governo Soviético", Lênin diz que "a possibilidade de construir o socialismo depende do nosso sucesso em combinar o poder soviético e a organização soviética da administração com as conquistas mais modernas do capitalismo". Em 1918, Lênin aponta que a revolução socialista mundial "não virá tão depressa como esperávamos". Em 1919, aponta que "nós não vivemos apenas num Estado, mas num sistema de Estados, e a existência da República Soviética ao lado dos Estados imperialistas é impensável durante um longo período". Porém, as tarefas em torno da consolidação do poder soviético durante o "Comunismo de Guerra", até 1921, postergou a execução da política que combina o poder soviético com "as conquistas mais modernas do capitalismo".

Com o fim da Primeira Guerra e estabelecido o poder bolchevique, ocorre uma guerra civil, na tentativa de retomada do poder pelos "brancos" – a monarquia czarista. Essa guerra foi apoiada pelas potências capitalistas. Com o início da guerra civil, em junho de 1918, começa a fase do "comunismo de guerra". São os anos da ampliação do controle estatal sobre a economia, da consolidação do poder dos bolcheviques sobre o aparelho de Estado, da eliminação da burguesia privada, do desaparecimento dos mecanismos de mercado e da moeda. Economicamente, a fase do "comunismo de guerra" terminaria no mais completo desastre: em fins de 1920, a indústria soviética estava praticamente em ruínas, calculando-se que a produção fabril em grande escala não alcançasse mais de 20% do nível de 1912; a população de Petrogrado e Moscou se reduzira praticamente à metade do que fora antes da Grande Guerra; a moeda desaparecera; vastas parcelas do território soviético retornavam a uma situação de economia natural. O "comunismo de guerra" é teorizado, ou melhor, aplicado no calor do momento da forma como se pôde fazê-lo, para organizar a economia frente ao caos que se instaurou. Houve aceleração do processo de expropriação do capital privado sob a forma de estatização das empresas, onde o planejamento da economia e as unidades econômicas eram centralizados, bancos foram nacionalizados e o comércio privado foi proibido (Nove, 1988). O estabelecimento do Comunismo de Guerra pode ser organizado cronologicamente da seguinte forma:

- Março/1918: estabelecimento do controle ferroviário e de uma estrutura fortemente disciplinada e centralizada.
- Abril/1918: nacionalização do comércio exterior, resultado direto do bloqueio comercial imperialista, e imposição do treinamento militar obrigatório em todas as escolas e locais de trabalho.
- Maio/1918: abolição do direito à herança acima de 10 mil rublos e nacionalização da produção do açúcar.
- Junho/1918: decreto que impunha a requisição/confisco de grãos de latifundiários (kulaks). Isso foi realizado formando comitês de camponeses pobres, que organizavam brigadas para identificar e tomar estoques de grãos escondidos pelos kulaks. Também se acentuou o processo de nacionalização da grande indústria.

Outra questão do comunismo de guerra é que foi abolido o dinheiro e a economia era pensada quase que na forma de "escambo". Porém, esta não foi uma medida intencional: segundo

Carr (1966), a impressão indiscriminada de notas para o financiamento dos gastos públicos trouxe a depreciação da moeda, tendo como consequência os vendedores não aceitarem o rublo (a moeda russa) em suas trocas – assim, o dinheiro perdeu sua função. Neste processo, os preços "oficiais" e os de "mercado aberto" se distanciaram drasticamente, com os do último se tornando altíssimos, e o volume de pagamentos em espécie passou a aumentar (Carr, 1966).

A produção global da indústria russa em 1920 era sete vezes menor do que o nível de pré-guerra; a extração de minérios, 73 vezes inferior; a colheita total de cereais correspondia a 57,5% da de 1913. A parte correspondente à Rússia na produção mundial diminuiu de 2,6 naquele ano para 0,5% em 1921. Entre 1915 e 1921 o campo obteve menos maquinaria e equipamentos do que em apenas um ano antes da guerra. O campo abrigava 84,5% da população, com milhões de minúsculas e pequenas propriedades, depois da expropriação dos latifundiários em 1917. Eram 17.786.000 fazendas, das quais 62,7% pequenas, 23% médias e 14,2% mais prósperas, no campo de batalha a Rússia perdeu 14 milhões de pessoas; fome, epidemias e falta de assistência médica mataram 17,4 milhões. Em 1920 a população total era de 134 milhões, tendo sido de 159,2 milhões em 1913. Em 1920-21 trabalhavam na grande indústria russa 1.188.600 operários contra 2.428.800 em 1917 e 3,5 milhões em 1913.

A produção da indústria pesada foi sete vezes menor do que logo antes do início do conflito na Europa e a de ferro fundido atingiu, no ano de 1921, 116.300 toneladas, o equivalente a 3% de 1913. Combinado à baixa produtividade até aquele momento, os salários cobriam somente um quinto do custo de vida. Além disso, havia um nítido esgotamento dos estoques, falta de combustível e uma grande deterioração das ferrovias. No caso da agricultura, em 1921 as cabeças de gado eram menos de dois terços de seu total, as ovelhas 55%, os porcos 40% e os cavalos, 71% (se comparados a 1913), enquanto a área agricultável fora cortada pela metade, o que levou a uma significativa diminuição da colheita de culturas diversas.

A preocupação essencial da época havia sido salvaguardar a soberania e a autoridade do poder soviético e vencer a todo custo as forças internas e externas que tentavam destruir a experiência iniciada por Lênin e seus correligionários. As necessidades prementes impostas pela situação não iriam permitir que o governo inovasse ou impusesse caminhos distintos de desenvolvimento até então. Este ínterim, que abarca os anos do conflito mundial, da guerra civil, do bloqueio estrangeiro, da fome, de epidemias, da tragédia climática e da reorganização econômica, resultou numa redução expressiva da população.

Para Lênin, comparado a uma economia patriarcal e pequeno-burguesa, o capitalismo de Estado representa um enorme avanço, não apenas e não tanto por ser uma forma superior de capitalismo, mas porque, segundo L nin, ao superar a dispersão da pequena economia camponesa e da produção mercantil em pequena escala, constitui o terreno mais adequado para que o proletariado dominante possa aprender a tomar as rédeas, a exercer o controle, a administrar. Mesmo no período do "comunismo de guerra", Lênin insiste na complexidade da transição. Como escreve em *A Grande Iniciativa:* "Estamos em uma fase em que 'apenas *os primeiros passos* ". E é precisamente contra as ilusões de atalhos fáceis que Lênin alerta neste documento: a abolição da diferença entre cidade e campo, entre trabalhadores manuais e intelectuais, é uma tarefa longa.

Para alcançar isso, é necessário um enorme progresso no desenvolvimento das forças produtivas; é necessário superar a resistência (frequentemente passiva e particularmente tenaz e difícil de superar) dos numerosos remanescentes da produção em pequena escala; é necessário superar a imensa força do hábito e da inércia associada a esses remanescentes. A afirmação de que todos os trabalhadores seriam igualmente capazes de realizar esse trabalho seria uma frase vazia ou a ilusão de um socialista antediluviano, pré-marxista, porque essa capacidade não é espontânea, mas se desenvolve historicamente, e *só* ".

Lênin tem plena consciência de que:

> Não pode ser conquistado no plano econômico como no militar. O livre comércio não pode ser conquistado com entusiasmo e abnegação. Exige um longo trabalho; o terreno deve ser conquistado centímetro por centímetro; as forças organizadoras do proletariado são necessárias. [...] Na medida em que resolvemos com sucesso e resolveremos a primeira e mais simples das tarefas — a supressão dos exploradores que buscam abertamente derrubar o poder soviético — surge o segundo problema, mais complexo: organizar as forças do proletariado, aprender a ser bons organizadores. É necessário organizar o trabalho de uma nova maneira, criar novas formas de participação trabalhista e submissão à disciplina trabalhista. Até o capitalismo levou décadas para resolver esse problema (Discurso no Terceiro Congresso Sindical, 8 de abril de 1920).

Embora L nin se refira, às vezes, aos êxitos econômicos do período, na realidade, os êxitos alcançados diziam respeito à consolidação da "ditadura do proletariado" e do controle do Poder pelo Partido. As referências ao "início da construção do comunismo" ndo como critério modificações operadas na natureza da propriedade e nas relações de Poder, uma vez que faltavam totalmente as "bases materiais" mencionadas seguidamente por L nin como condição indispensável para o socialismo. Os anos do "comunismo de guerra" compreendem um período de extensão e consolidação do Poder soviético, no qual as considerações militares dominam todas as demais. A maioria dos textos importantes de L nin sobre a sociedade soviética são posteriores a 1920, quando, uma vez eliminadas as antigas classes proprietárias e a burguesia industrial, os problemas relacionados à organização da economia e à administração do Estado se colocaram de modo mais agudo.

Graças à disposição de luta da classe trabalhadora russa, de sua direção política bolchevique e das insurreições e mobilizações internacionais, a revolução proletária sobreviveu à sanguinária guerra civil financiada por 21 países capitalistas. A tentativa de afogar em sangue a revolução, dando exemplo a todos os países, foi derrotada, mas com tremendos custos. Com o fim da guerra civil, o comunismo de guerra se esgota. Camponeses já não aceitavam as requisições e a proibição do comércio privado. Com efeito, passa-se a discutir a Nova Política Econômica (NEP), que seria formulada, instaurada e continuada até 1928.

4. A NEP – Nova Política Econômica

Não somos utópicos, não "sonhamos" com a possibilidade de prescindir de toda forma de governo e de toda subordinação de um só golpe; estes sonhos anarquistas, baseados na incompreensão das tarefas da ditadura do proletariado, são fundamentalmente estranhos ao marxismo e, de fato, só servem para adiar a revolução socialista, à espera de que os homens sejam diferentes. Não, nós queremos fazer a revolução com homens concretos como os de hoje, com homens que não podem se submeter a regras sem subordinação, sem controle, sem "inspetores e contadores".

Lênin

No começo 1921, os bolcheviques eram inteiramente vitoriosos no plano militar, os partidos burgueses encontravam-se praticamente desmantelados, militarmente, a rebelião branca de Wrangel, Denikin, Kolchak, assim como a intervenção estrangeira, haviam sido vencidas. O Exército Vermelho transformara-se na mais poderosa força militar da Europa. Mas, por outro lado, os bolcheviques viam-se diante de enorme descontentamento popular, que se expressava em sucessivas rebeliões camponesas e que culminaram com greves operárias em Petrogrado e com o levante dos marinheiros da fortaleza de Kronstadt, exigindo "sovietes sem bolcheviques".

Diante do quadro de atraso e da destruição de forças produtivas, o poder proletário estaria condenado ao fracasso se mantivesse a orientação econômica adotada no período de "comunismo de guerra". "Nosso "comunismo", demasiado apressado, linear e não preparado" – escrevia Lênin – "foi produto da guerra e da impossibilidade de obter mercadorias e fazer marchar as fábricas". A necessidade de reorganizar a economia do país era uma tarefa urgente desde o triunfo revolucionário. A constituição do Vesenkha (Vysshii Sovet Narodnogo Khozyaistva, o Conselho Supremo da Economia Nacional), em 5 de dezembro de 1917, nesse sentido, seria um passo importante na implementação do ulterior processo de planificação do país. Organismo subordinado ao Sovnarkom (Sovet Narodnykh Komissarov, Conselho dos Comissários do Povo), o Vesenkha deveria organizar e regulamentar os principais aspectos da economia nacional, assim como as finanças do Estado, com comitês centrais e agências gerais para administrar setores da indústria, além de conselhos provinciais e distritais. Seu papel seria fundamental tanto durante a guerra civil como ao longo da NEP e mesmo no primeiro plano quinquenal.

Foi nesse ambiente que se elaborou o plano Goelro (Gosudarstvennaya Komissiya po Elekrtifikatsii Rossii ou Comissão de Estado para a Eletrificação da Rússia) em fevereiro de 1920, a partir de deliberações do Presidium do Vesenkha, que naquele ano já empregava em torno de 14.800 especialistas (o Bureau de Registro Central das Forças Tecnológicas contava, por sua vez, com 50.275 funcionários ligados à economia vinculados a diferentes comissariados). De acordo com Andrew Rothstein, em janeiro de 1920, G. M. Krzhizhanovsky escreveu um breve artigo sobre a questão da eletrificação da indústria russa como um caminho importante para o progresso nacional e o enviou a

Lênin, recebendo uma carta entusiástica do líder bolchevique, com data de 23 de janeiro de 1920, na qual dizia que o engenheiro deveria escrever dois ou três outros artigos com o mesmo caráter prático, que poderiam ser publicados mais tarde em forma de um panfleto. Em sua missiva, Lênin diria: "Não se poderia elaborar... um plano político ou de Estado, ou seja, que apresentasse um objetivo para a classe trabalhadora? Algo assim: em 10 (5?) anos, vamos construir 20 ou 30 (30 ou 50?) usinas de energia, para cobrir todo o país com centrais... movidas por turfa, água, xisto, carvão, óleo... Começaremos imediatamente comprando a maquinaria e os modelos necessários. Em 10 (20?) anos faremos com que a Rússia esteja 'eletrificada'. Acho que você pode fornecer tal 'plano', ou um esboço de plano –repito, não técnico, mas de Estado... vamos começar a trabalhar e de 10 a 20 anos tornaremos a Rússia inteira, tanto no campo industrial como agrícola, um país eletrificado" (Rothstein, 1948).

Em outubro, o plano de eletrificação teve suas bases concluídas para ser submetido, em dezembro, ao VIII Congresso dos Sovietes de Toda a Rússia, sendo aprovado. Como consequência, em 21 de fevereiro de 1921, o próprio Lênin publicaria o artigo "Um plano econômico integrado", no qual descreveria o Goelro como "um intento de primeira classe", exaltando suas qualidades. Cessados os conflitos externos e internos com a supremacia bolchevique, a Rússia pôde efetivamente iniciar o seu planejamento econômico de forma concreta. O primeiro grande projeto foi a GOELRO – Comissão Estatal de Eletrificação da Rússia – em 1920, "abrangendo um período de 10 a 15 anos e envolvendo a avaliação do futuro comportamento tanto dos setores consumidores de energia como dos setores fornecedores de matérias-primas e equipamentos para as usinas" (Mignoli, 1982). Dessa forma, o Estado Bolchevique assegurava o monopólio da produção e distribuição de energia elétrica, com o objetivo de universalizar o acesso.

Em dezembro de 1920, o plano GOELRO termelétricas Canal Volga-Don). O projeto GOELRO tornou possível a posterior industrialização na União Soviética: a geração de eletricidade em 1932 em comparação com 1913 aumentou quase 7 vezes, de 2 para 13,5 bilhões de kWh. De fato, investimentos em infraestrutura eram considerados fundamentais. A construção de Dnieprostroi tinha como objetivo melhorar a navegação, gerar energia elétrica e melhorar a qualidade das terras vicinais. A hidrelétrica deveria ter uma capacidade de geração de 230 megawatts, fornecendo energia para as indústrias existentes e as novas que seriam construídas na região, com capacidade projetada de produção energética de aproximadamente 1,2 bilhão de quilowatts-hora (o custo da construção, até 1926, foi avaliado em 200 milhões de rublos). O projeto Svir-Neva, por sua vez, resultaria em usinas que complementariam as necessidades elétricas de Leningrado, além de também melhorar o sistema do Canal de Mariinsky (entre outros objetivos), a um preço total estimado em 65 milhões de rublos. No caso do Canal VolgaDon (sul da Rússia e Ucrânia), o custo seria de 140 milhões de rublos (este deveria incrementar os transportes fluviais e ampliar a produção de grãos a partir de projetos de irrigação). Já a ferrovia Turksib, que ligaria o Cazaquistão, a Ásia Central e a Sibéria Ocidental, serviria para promover o plantio de algodão no Turquestão, o que seria importante no fornecimento do produto para a indústria têxtil soviética, diminuindo, assim, a dependência externa. Ao mesmo tempo, a estrada de ferro levaria mais rapidamente, a custos reduzidos, todo tipo de grãos, madeira e cabeças de gado para uma extensa área da nação. É verdade que algumas partes da ferrovia já haviam sido construídas antes da guerra, durante o regime czarista, mas ainda restavam 1.500 quilômetros de trilhos, que foram colocados pelo governo bolchevique a um custo geral estimado de 120 milhões de rublos.

Nesse período, o Partido Menchevique lançou manifesto de economistas em que demandam uma nova política econômica:

"o Estado deve manter o controle das principais empresas industriais que são fundamentais para a vida econômica, como minas, planta metalúrgica, os principais ramos da indústria metalúrgica, etc. No entanto, em todos os lugares onde isso parece melhorar ou animar a produção ou a extensão da sua variedade, pode-se recorrer à organização de tais empresas através de uma combinação de capital estatal e privado, pela formação obrigatória de um truste sob controle do Estado ou, em casos excepcionais, por meio de concessão". Além disso, "se não houver prejuízo para a produção e se o controle do Estado não for desejável por razões fiscais ou outras, todas as outras grandes empresas industriais, em geral, devem ser transferidas gradualmente para mãos privadas, arrendadas a uma cooperativa ou um novo empreendedor ou ao antigo proprietário, na condição de ele aceitar a obrigação de restaurar e organizar a produção. O Estado deve regular a distribuição de combustível e matérias-primas para diferentes ramos de produção, empresas e áreas. A indústria em pequena escala não deve, em caso algum, ser nacionalizada".

Neste clima, em março de 1921, o Partido Bolchevique abandona a ideia da passagem direta para o socialismo e introduz a chamada "Nova Política Econômica". Em outubro de 1921, fazendo um balanço da orientação econômica anterior, diria L nin:

> Cometemos um erro ao decidir passar diretamente para a produção e distribuição comunista. Pensamos que através do sistema de apropriação de um excedente de alimentos, os camponeses iriam nos abastecer com a quantidade requerida de cereais que nós poderíamos distribuir nas fábricas e assim realizar a produção e a distribuição comunista [...]. Tentando ir diretamente ao comunismo nós... sofremos uma derrota mais séria no fronte econômico do que qualquer derrota inflingida a nós por Kolchak, Denikin ou Pilsudskin.

A partir daí, se passava para uma política econômica de estímulo à pequena empresa, de reativação do comércio privado, de reanimação do capitalismo, de concessões ao capital estrangeiro. Na agricultura, a NEP significava principalmente a substituição das requisições forçadas de matérias-primas e víveres (especialmente de trigo) para uma política que L nin denominaria de "imposto em espécie". Os camponeses, depois da entrega de uma parcela de sua produção ao Estado, poderiam comercializar o restante no "mercado capitalista" e obter certo lucro. Mais do que utilizar os esforços para impedir o desenvolvimento capitalista era preciso direcioná-lo rumo ao capitalismo de Estado, um progresso a respeito da economia pequeno-burguesa e patriarcal. Nesse sentido, o imposto em espécie representava a passagem do comunismo de guerra à regular troca socialista entre os produtos, segundo L nin, naquele contexto a liberdade de comercio e o desenvolvimento capitalista, controlado pelo Estado, era útil para combater a dispersão dos pequenos produtores e o burocratismo.

Em dezembro de 1921, o Goelro (considerado por Andrew Rothstein como "o núcleo de toda a maquinaria de planificação" da União Soviética) iria ganhar força de lei de Estado de edificação econômica, com uma vigência de dez a quinze anos. Seu objetivo determinava as tarefas fundamentais para o avanço industrial e do setor de transportes, com um incremento significativo na eletrificação do país, que deveria fornecer as condições básicas para elevar o nível de vida do povo russo.

No começo do 1922, o Estado soviético estava numa condição bem complicada, na qual as destruições da Primeira Guerra Mundial se somavam quelas da guerra civil. Nesse contexto, L nin levantou pela primeira vez a exigência de encaminhar a Rússia por uma nova política econômica no X Congresso do Partido Comunista Russo, em março de 1921. Novamente, na assembleia dos secretários das células do partido de Moscou (9 de abril 1921) afirmou que a NEP era uma exigência não inevitável para sair da miséria absoluta e superar o comunismo de guerra, uma fase que não foi o fruto de uma escolha teórica, mas o resultado do estado das necessidades reais. Os termos dessa profunda virada são expostos por Lênin no panfleto intitulado Sobre o imposto em espécie, no qual ele descreve as dificuldades da transição do capitalismo ao socialismo, numa sociedade na qual ainda conviviam a economia patriarcal, a pequena produção mercantil, o capitalismo privado, o capitalismo de Estado e o socialismo.

O governo soviético adotou medidas urgentes: 1) a abolição das requisições forçadas e a substituição da imposta de natura; 2) reintrodução, com algumas limitações, a liberdade de comercio; 3) a legitimidade da existência das empresas privadas; 4) a devolução de muitas empresas com menos de 10 operários aos velhos proprietários; 5) um novo regime de incentivos salariais correspondentes à atividade desenvolvida; 6) os cidadãos soviéticos foram autorizados a ter empresas comerciais, criar contratos e escolher profissões; 7) foi aprovado o código agrário que oferecia aos camponeses de explorar as leis do mercado, concedendo o direito de propriedade, sobretudo, o que melhorava as culturas. Obviamente o camponês não tinha o direito de vender nem de hipotecar. Juntamente a essas reformas foi avivado o programa para eletrificar o país, uma operação fundamental por L nin, cuja importância fica encarnada na famosa equação "comunismo = poder soviético + eletrificação".

Lênin tinha consciência de que uma saída como essa criaria novos problemas, porque o imposto *in natura*, em espécie, significava liberdade de comércio, dado que o camponês, depois de pagar o imposto, estava livre para vender ou trocar o que lhe restava. Liberdade de comércio significava capitalismo, mas para Lênin, no quadro da nova política econômica, tratava-se de um capitalismo segundo as condições impostas pela sociedade soviética, isto é, capitalismo de Estado, uma vez que isso seria controlado e conhecido, o seu desenvolvimento não se daria em vantagem da burguesia, mas do proletariado. A NEP se impunha, portanto, como necessidade imperiosa para consentir à Rússia aquele salto no desenvolvimento de suas forças produtivas e para resistir a uma burguesia agora forte, que poderia exercitar sua luta de classes mesmo internamente à sociedade soviética, mas sobretudo, e esse aspecto vai destacado, se impunha como necessária frente ao fracasso das revoluções no ocidente e ao cerco que a Rússia sofria por parte das grandes potências capitalistas.

A presença de componentes capitalistas da NEP era defendida por Lênin, como "um passo atrás, para dar dois passos à frente". A NEP caracterizou-se como uma economia híbrida, formada pelos ideais do socialismo e do capitalismo. Suas principais medidas foram:

- O Estado soviético conserva o controle do comércio exterior, dos transportes, dos bancos e da grande e média indústria, ao passo que quase toda a agricultura, o comércio interno e a pequena indústria seriam controlados pela iniciativa privada.
- As requisições forçadas de alimento foram suprimidas e se instituiu o imposto alimentar.
- Foi restabelecida a liberdade de comércio do trigo e de outros cereais.
- Permitiu-se o emprego de trabalhadores assalariados pelos *kulaks*.
- Concedeu-se o arrendamento de lotes de terras que não podiam naquele momento ser cultivados sob iniciativa direta do Estado.
- A permissão aos artesãos de vender livremente o que produziam;
- O arrendamento das usinas a investidores particulares.
- O retorno das empresas com menos de vinte trabalhadores para a iniciativa privada; a criação de companhias mistas com capitais soviéticos e estrangeiros.

- A realização de empréstimos no exterior ou no próprio país. A supressão da igualdade de salário e o restabelecimento da obrigatoriedade do pagamento de salários em dinheiro.

Essa política foi criticada pelos esquerdistas da época de L nin sobre o argumento de que isso significava um recuo na construção do socialismo. Muitos denunciaram a NEP como um abandono das metas de outubro e uma traição em favor da burguesia. Alguns diziam que a degeneração da revolução poderia ser detida apenas pela restauração da democracia proletária. Esta resistência que se opunha à política do Partido mostrava uma vez mais a necessidade de depurar este dos elementos pouco firmes. Com relação a isto, o Comitê Central desenvolveu um grande trabalho de fortalecimento do Partido, organizando em 1921 a depuração de suas fileiras. L nin "dos malandros, dos elementos burocratizados, dos indivíduos pouco honrados, dos comunistas vacilantes e dos mencheviques 'fachada', em espírito continuavam sendo mencheviques". Como consequência, foram expulsas do Partido 170.000 pessoas, ou seja, cerca de 25% do total de filiados. Esta depuração fortaleceu consideravelmente o Partido, melhorou a sua contextura social, reforçou a confiança das massas no Partido e fez com que aumentasse a sua autoridade. A coesão e o grau de disciplina do Partido cresceram. Em relação a isso, L nin justifica no texto "Sobre o imposto em espécie" (O significado da NEP e suas condições): "Imagino a nobre indignação com que alguns repudiaram estas palavras... Como? Na República Socialista Soviética a passagem ao capitalismo de Estado significaria um passo em frente?... Não será isto uma traição ao socialismo?"

Ao defender a NEP, L nin argumenta que as forças produtivas desenvolvidas como as de países capitalistas de estado são necessárias para estabelecimento do socialismo, usando como exemplo a Alemanha:

> A história (de que ninguém, exceto os mencheviques obtusos de primeira ordem, esperava que desse de modo suave, tranquilo, fácil e simples o socialismo 'integral') seguiu um caminho tão peculiar que pariu em 1918 duas metades desligadas de socialismo, uma ao pé da outra, exatamente como dois futuros pintos dentro da mesma casca do imperialismo internacional. A Alemanha e a Rússia encarnaram em 1918 de modo mais patente a realização material das condições económico-sociais, produtivas e econômicas do socialismo, por um lado, e das condições políticas do socialismo, por outro lado.

Nessas condições, Lênin aponta a que um certo desenvolvimento do capitalismo – na forma de concessões limitadas e controladas ao capital estrangeiro ou na forma de certo progresso do capitalismo interior – "alturas dominantes da economia". Dentro do sistema de gestão da economia, substituiu-se o centralismo estatal – os chamados glavks – pelos trustes, estes com autonomia relativa. A NEP veio a beneficiar mais a agricultura frente à indústria, e a indústria leve frente à pesada.

O crédito agrícola (estatal e cooperativo) ganharia maior destaque na época. Além disso, a reforma monetária ocorrida entre 1922 e 1924, com o fortalecimento do rublo, permitiu um relativo ordenamento financeiro e a própria regulação do comércio do país. De outubro de 1923 ao final do ano seguinte, foram reduzidos 23,3% dos preços de venda da produção industrial do Estado. Já os das máquinas agrícolas chegariam aos níveis de antes da Primeira Guerra Mundial. Isso atacava, de alguma forma, o problema da "tesoura dos preços" (a disparidade entre o valor de venda dos itens industriais e os agrícolas, que teria levado à constituição de estoques significativos de produtos sem saída no mercado e malogros nos empreendimentos cooperativos e órgãos estatais; em outras palavras, artigos industriais com preços em constante elevação e gêneros agrícolas com valor demasiadamente baixo, seguido de crescimento de produção), tentando aproximar os preços industriais e agrícolas. Em fevereiro de 1924, seria organizado o Banco Agrário Central, que iria unir tanto os estabelecimentos de crédito locais como os bancos rurais, com o objetivo de facilitar a concessão de crédito a juros baixos para as camadas inferiores ou médias do campesinato e o auxílio de produção para as associações cooperativistas no campo.

No setor industrial e na economia urbana, a NEP favoreceu mais a pequena indústria, produtora de bens de consumo, particularmente aquela localizada na zona rural, do que a grande indústria do setor de bens de produção, para garantir o abastecimento do campo e estimular a produção de excedente agrícola. Também limitou o processo de nacionalização/estatização, devolvendo diversas empresas à iniciativa privada, inclusive aos ex-proprietários; além de abrir a economia russa a investimentos estrangeiros, estimular as práticas comerciais e a busca do lucro. Neste movimento foram beneficiados os antigos "caixeiros viajantes", atravessadores que passaram a explorar o comércio varejista, enquanto o governo procurava controlar o processo de distribuição no atacado. Com o retorno pleno da economia monetária, a moeda sofreu um processo de forte desvalorização, gerando inflação e favorecendo ainda mais os comerciantes privados. Entre as empresas estatais o governo estimulou a formação de grandes trustes, reunindo diversas empresas, que também passaram a ser geridas pela perspectiva da lucratividade.

Sob a NEP, a economia soviética se recuperou. Em 1926-27, a maioria dos índices econômicos estava nos níveis pré-guerra ou próximos a eles. As taxas de crescimento anual da indústria durante os primeiros cinco anos da NEP são ilustrativas: 42% em 1921; 30,7% em 1922; 52,9% em 1923; 16,4% em 1924; e 66% em 1925. O incremento da produção de máquinas agrícolas também foi acentuado. A produção de arados em 1925 era 6,3 vezes maior que em 1921; secadoras e colhedeiras, 10,8 vezes mais; moedoras e selecionadoras, 31,5 vezes; máquinas trilhadoras, 36,5 vezes.

De 1923 a 1925 as fábricas Krasny e Putílovets de Leningrado e a fábrica de locomotivas de Jarkov lançaram os primeiros 550 tratores russos. E em 1925 o campo (que progredia, tendo a área semeada alcançando 88% do nível de 1913 naquele ano e a produção de cereais ultrapassando a dos anos anteriores à guerra) recebeu maior quantidade de máquinas agrícolas do que em qualquer ano pré-bélico. Apesar da abertura para a produção capitalista, a burguesia sofria sérias restrições do poder proletário. Vivia sitiada. As concessões ao capital estrangeiro, por exemplo, ocorriam sob normas rigorosas. Em 1922, entre mais de 300 proposições de empreendimentos feitas por empresários de outros países, apenas 14 foram consideradas admissíveis; em 1923, entre 600 propostas, foram aceitas apenas 44, sendo 17 anuladas em pouco tempo devido ao fato de os capitalistas não terem cumprido as obrigações estipuladas pelos revolucionários.

Para Lênin, o socialismo requereria, como condição necessária para sua realização, um elevado desenvolvimento das forças produtivas, o que dependeria da grande indústria, com sua racionalidade e produtividade. Deste ponto de vista, o capitalismo de Estado parece para L nin o que há de mais adiantado em matéria de progresso material, constituindo uma via para o socialismo. Considerando que faltavam as bases materiais para o socialismo, como definir o sistema econômico existente na República Soviética, Lênin considerava que se tinha um regime de transição em que coexistiam "elementos, partículas, fragmentos tanto do capitalismo como do socialismo": o capitalismo de Estado.

5. O capitalismo de estado na transição socialista

O capitalismo de Estado é um capitalismo que podemos conter e cujos limites podemos estabelecer.

Lênin

Lênin, um mês antes da tomada do poder pelos bolcheviques, propunha o capitalismo monopolista do Estado como "a mais completa preparação material do socialismo". A tese seria enfatizada no debate sobre a Nova Política Econômica, a partir de 1921, após o fim da guerra civil e a experiência do comunismo de guerra. Lênin passou a propor a NEP, a partir de determinado momento, é porque ele já não colocava, não podia colocar, a construção do socialismo na Rússia na dependência da revolução mundial. Essa era a nova estratégia econômica que deveria tornar possível o socialismo na realidade soviética. Lênin temia especialmente uma nova intervenção militar estrangeira na Rússia e uma crise financeira. Para prevenir e evitar essas ameaças, havia esforços diplomáticos, dentre outras providências, diante da questão militar, e havia o esforço para estabilizar o rublo, "uma tarefa decisiva", diante da questão monetária.

A partir de 1921, com o malogro da tentativa de passagem direta para o comunismo, Lênin voltaria a reconhecer, durante a Nova Política Econômica (NEP), a ideia do capitalismo de Estado como uma via para o socialismo. Para Lênin, "para os próximos anos é preciso saber pensar nos elos intermédios, capazes de facilitar a passagem do regime patriarcal, de pequena produção, para o socialismo. N s voltamos frequentemente a cair ainda neste raciocínio: 'o capitalismo é um mal, o socialismo é um bem'. Mas este raciocínio é errado, porque esquece todo o conjunto das estruturas econômico-sociais existentes, abarcando apenas duas delas". Lênin entendia, portanto, que o capitalismo de Estado coexistia com o socialismo, mas era ao mesmo tempo uma etapa intermediária entre o capitalismo — ou o pré-capitalismo, como chega a falar no Imposto em Espécie — e o socialismo. O capitalismo de Estado é visto como uma via, uma etapa intermediária, uma antessala para o socialismo: "O Capitalismo de Estado seria um passo para a frente comparado com a presente situação de nossa República Soviética". Trata-se, para L nin, de não proibir ou bloquear o desenvolvimento do capitalismo, mas de canalizá-lo em direção ao capitalismo de Estado, pois "no presente, o capitalismo pequeno-burguês prevalece na Rússia e uma única e mesma via o conduz tanto para o grande capitalismo de Estado como para o socialismo através de uma única e mesma estação intermediária chamada "contabilidade nacional e controle da produção e distribuição". Os que não compreenderam isto estarão caindo num imperdoável erro econômico". O capitalismo de Estado soviético seria algo novo no mundo. L nin sublinhava, em 1922, a dificuldade de caracterizá-lo.

O capitalismo de Estado, segundo todos os livros de economia, é o capitalismo que existe sob regime capitalista, quando o Poder estatal subordina diretamente as empresas capitalistas. Porém, nosso Estado é proletário, apoia-se sobre o proletariado, dá ao proletariado todas as vantagens políticas.

Nenhuma teoria, nenhuma literatura analisa o capitalismo de Estado na forma em que ele existe aqui, pela simples razão que todos os conceitos usuais relacionados com este termo estão associados com a dominação burguesa numa sociedade capitalista. A nossa sociedade é uma sociedade que saltou dos trilhos do capitalismo, mas ainda não encontrou novos trilhos... Nunca na história houve uma situação em que o proletariado, a vanguarda revolucionária possuísse suficiente poder político e o capitalismo de Estado coexistisse com ele.

Um dia depois, no discurso de encerramento do XI Congresso, L nin voltaria a insistir, ainda mais enfaticamente, no caráter inusitado do regime econômico soviético:

> Até agora ninguém poderia ter escrito um livro sobre este tipo de capitalismo porque é a primeira vez na história que temos algo semelhante. Todos os livros mais ou menos inteligíveis sobre o capitalismo de Estado que até agora apareceram foram escritos sob condições e numa situação em que o capitalismo de Estado era capitalismo. Agora as coisas são diferentes e nem Marx nem os marxistas poderiam prever isso. Nós não devemos olhar para o passado... O capitalismo de Estado é a forma de capitalismo mais inesperada e absolutamente imprevista porque ninguém poderia prever que o proletariado pudesse conquistar o Poder num dos países menos desenvolvidos do mundo e devesse primeiramente procurar organizar a produção e a distribuição em larga escala para o campesinato, e então, descobrindo que não poderia fazer isso em razão do baixo padrão cultural, devesse buscar os serviços do capitalismo. Ninguém poderia prever, mas isso é um fato indiscutível.

E, em outra passagem:

> O capitalismo de Estado que introduzimos em nosso país é de uma natureza especial. Ele não coincide com a concepção comum de capitalismo de Estado... Nosso capitalismo de Estado difere de outros capitalismos de Estado no sentido literal do termo pelo fato de que o nosso Estado proletário possui não só a terra como também os ramos vitais da indústria.

No Relatório Político ao XI Congresso do Partido, L nin tornaria a reafirmar essa mesma ideia. Referindo-se ao tipo sui-generis de capitalismo que se teria instalado na Rússia, diria ele: "Este capitalismo de Estado está conectado com o Estado. E o Estado é a classe operária, é a parte mais avançada dos trabalhadores, é a vanguarda. Nós somos o Estado".

No IV Congresso, em 13 de novembro de 1922, L nin comunicara a decisão de desenvolver uma política econômica tendente ao "capitalismo de Estado", entendida como um seguro passo em direção ao socialismo, diante de um contexto internacional assaz difícil, no qual não apenas as expectativas de vitória nas revoluções de vários países europeus estavam tragicamente desfeitas, mas onde delineava-se também uma profunda fase de refluxo para o movimento operário junto a uma ofensiva reacionária duríssima por parte das classes dominantes. A difícil situação internacional impunha aos diversos partidos comunistas a necessidade de saber orientar-se taticamente de maneira adaptada as diversas situações e ainda preparar-se para uma possível retirada estratégica, de modo a evitar que fossem forçados a recuar e anulados por diversos anos. Assim, para L nin, mesmo a decisão do "capitalismo de Estado" representava uma linha de recuo necessária a manter a posição em uma fase adversa. A crise de consenso que a revolução enfrentou no curso de 1921, não apenas entre os camponeses, mas mesmo entre os operários, devia-se, para L nin, ao fato de que a ofensiva econômica tinha ido longe demais, sem que se fosse assegurada a base de consentimento necessária.

Segundo L nin, as massas perceberam que a passagem direta às novas formas socialistas estava acima das efetivas forças da revolução. Afortunadamente, porém, as próprias forças ativas da revolução deram-se conta disso e, se isso não tivesse acontecido, caso aquelas forças não tivessem se prontificado a fazer um recuo em direção a tarefas de mais fácil alcance, a revolução em si estaria ameaçada da mais completa ruína.

No plano econômico, tratar-se-ia de um novo tipo de capitalismo, ou mais precisamente, de um novo tipo de capitalismo de Estado que se desenvolveria sob outras relações jurídicas de propriedade, com a nacionalização da terra e dos principais meios de produção e a expropriação das antigas classes dominantes. Neste período, além dos mecanismos de mercado, foram incentivadas concessões, especialmente por meio da constituição de empresas mistas, joint-ventures entre os capitalistas privados e o Estado. Lênin percebia, positivamente, "primeiro, que a circulação local de mercadorias tem neste momento uma importância primordial, e, em segundo lugar, que o capitalismo privado pode ser utilizado para ajudar o socialismo". O mesmo Lênin dizia que, para a gestão dos negócios, "podemos e devemos aprender muito com os capitalistas". Além disso, Lênin passou a manifestar uma imensa expectativa para com as cooperativas camponesas. Em uma palavra: o crescimento da cooperação seria o crescimento do socialismo. O aspecto singular desta nova formação econômica residiria na sua relação com o Estado, com um Estado de novo tipo, que não pertenceria às antigas classes possuidoras, mas à classe operária.

Logo antes da Revolução de Outubro, Lênin dizia: "a questão mais importante de qualquer revolução é sem dúvida a questão do poder do Estado. Nas mãos de que classe está o poder, é isto que decide tudo". Com a NEP, Lênin evocou a necessidade de os revolucionários saberem assegurar o "recuo". O capitalismo de Estado sob a liderança dos comunistas constitui exatamente uma dessas "linhas de recuo". É possível aceitar recuos pelas circunstâncias do cerco estrangeiro, do atraso tecnológico do país, da necessidade garantir condições de vida favoráveis para o povo e, não menos importante, por ajudar a manter o poder político no bloco revolucionário.

Para apoiar a economia camponesa, as pequenas indústrias privadas foram restabelecidas para o fornecimento de insumos. Indústrias com menos de vinte trabalhadores ficam fora das nacionalizações. É autorizado o arrendamento de pequenas e médias empresas do Estado para pessoas privadas e cooperativas, a fim de retirá-los da estagnação em que se encontravam. Quanto às grandes indústrias estatais, cada uma passa a dispor diretamente de seus recursos financeiros e materiais, além de suprimir a remuneração homogênea. Cada indústria estatal e privada começa a depender oficialmente do mercado para o fornecimento de seus insumos e para comercialização de seus produtos. Créditos estatais são disponibilizados de acordo com seu cálculo de rentabilidade. Desaparecem os subsídios para empresas estatais. Procedimentos de contratação e demissão da força de trabalho são restabelecidos. Os salários passam a ser vinculados à produtividade. O restabelecimento do comércio de produtos agrícolas reorganiza a relação política entre operários da cidade e o campesinato.

Para Lênin, esse capitalismo de Estado sob hegemonia proletária significava que, nos quadros de uma sociedade na qual a terra fora nacionalizada, na qual as fábricas, o sistema bancário e o comércio exterior tinham sido estatizados, o "Estado proletário" passava a estimular o livre intercâmbio de mercadorias, o lucro privado e, consequentemente, o enriquecimento pessoal. Tratava-se de "não demolir o velho sistema econômico-social — o comércio, a pequena economia, a pequena empresa, o capitalismo — mas sim reanimar o comércio, a pequena empresa, o capitalismo, dominando-os com precaução e gradualmente, e submetendo-os a uma regulamentação estatal somente na medida de sua reanimação (novembro de 1921)". Nos inícios do ano seguinte, L nin seria ainda mais incisivo sobre a necessidade de estimular o capitalismo.

Lênin propunha uma retirada estratégica em direção ao capitalismo de Estado, considerado como um progresso em relação à situação econômica da Rússia na época e como uma via para o socialismo, embora coexistindo com ele. O elemento socialista seria representado pelo setor estatal da economia, compreendendo as empresas ou setores geridos diretamente pelo Estado. Com a proposta da NEP, Lênin destacava a situação contraditória de um Estado Socialista que se via obrigado a se apoiar em relações de produção capitalistas e, particularmente, no capitalismo de Estado para permitir a sobrevivência da revolução. Graças a esta nova política os camponeses podiam vender seus produtos ao mercado e não somente ao Estado, com a iniciativa privada sendo tolerada em pequenas escalas. Isso levou Lênin a dizer que "a NEP era um capitalismo de Estado, com conteúdo socialista, sob o controle dos trabalhadores". A NEP permitiu um crescimento limitado do comércio e das concessões estrangeiras ao lado dos setores econômicos nacionalizados e controlados pelo Estado. Também estimulou o crescimento de uma classe de camponeses ricos e de uma burguesia comercial. Para os bolcheviques, tratava-se de um encorajamento das tendências capitalistas, de um recuo estratégico em virtude do atraso da revolução europeia e das condições calamitosas de construção do socialismo na Rússia. Ao promover mecanismos de mercado, propriedade privada, competição e integração na economia capitalista externa, a NEP evidenciou os problemas inerentes da construção do socialismo numa região atrasada, em guerra e onde o capitalismo tinha pouca perspectiva de se desenvolver. Isso sem contar o boicote comercial internacional. Diante disso, Lênin aponta que "o socialismo não é mais do que o primeiro passo no avanço que se segue ao monopólio capitalista de Estado. Ou dito de outro modo: o socialismo não é mais do que o monopólio capitalista de Estado aplicado em proveito de todo o povo e que, por isso, deixa de ser monopólio capitalista".

Lênin argumentou a favor do que denominou "capitalismo de Estado", que deveria realizar-se nas seguintes formas: 1) joint-ventures com o estrangeiro e mesmo propriedade estrangeira de empresas (concessões); 2) cooperativas baseadas nos princípios de mercado; 3) utilização de comerciantes capitalistas, bem como administradores económicos e especialistas técnicos treinados em métodos capitalistas de gestão e organização; e 4) o arrendamento de empresas de propriedade estatal e de recursos naturais tanto a capitalistas estrangeiros como nacionais. As empresas estatais, que controlavam os "níveis de comando", eram autossuficientes e operavam segundo o princípio dos lucros e perdas, abastecendo-se elas próprias dos seus ativos circulantes.

Lênin faz uma distinção entre (a) capitalismo de Estado sob condições capitalistas e (b) capitalismo de Estado sob condições socialistas. Ele rejeita a visão de que os dois são a mesma coisa e critica Bukharin, que escreveu que o termo "capitalismo de Estado" sob o socialismo é um absurdo lógico. Na visão de Lênin, (a) é quando o Estado, governado pela classe capitalista, assume algumas das funções do setor privado, enquanto uma parte substancial da economia permanece capitalista. E há (b) capitalismo de Estado, no qual o Estado é controlado pelo Partido e pelo proletariado, e permite que os capitalistas funcionem para aumentar a produtividade e aprender técnicas de gestão com eles. Portanto, o capitalismo de Estado sob o socialismo, segundo Lênin, é completamente diferente, no sentido político, do capitalismo de Estado sob o capitalismo. O poder político não está nas mãos da elite capitalista, e isso permite que os governantes comunistas, quando assim o desejarem, reduzam a participação capitalista na economia. O poder permanece nas mãos do partido.

Lênin elaborou uma série de medidas que incluíam o desenvolvimento relativo do capitalismo no campo e nas pequenas empresas, a utilização do capitalismo de Estado, a par do reforço da economia socialista, para vencer as dificuldades e avançar rumo ao socialismo. Para ele, a transição envolvia o conjunto da população. Seria um erro limitá-la a determinados setores sociais:

> Nós, a vanguarda, o destacamento avançado do proletariado, estamos passando diretamente ao socialismo; mas o destacamento avançado é só uma pequena parte de todo o proletariado que, por sua vez, é só uma pequena parte de toda a população. E para resolver com êxito o nosso passo imediato ao socialismo, devemos compreender que caminhos, métodos, recursos e instrumentos intermediários são necessários para a passagem das relações pré-capitalistas ao socialismo.

Em "Concessões e Estímulo do Capitalismo", de abril de 1921, Lênin aponta:

> O que são concessões? São um acordo entre o Estado e capitalistas que se disponham a montar ou melhorar uma indústria (por exemplo, extração e transporte fluvial de madeira, extração de carvão, petróleo, minério etc.), pagando ao Estado, por isso, com uma parcela do produto extraído, e a outra parcela recebendo em forma de lucro.

Mas não é perigoso convidar capitalistas, não significa estimular o capitalismo? Sim, significa estimular o capitalismo, mas não é perigoso, pois o poder continuará nas mãos dos operários e camponeses, e as propriedades dos latifundiários e capitalistas não serão restituídas. A concessão é uma espécie de acordo de arrendamento. O capitalista se torna arrendatário de parte da propriedade estatal, por contrato, por um determinado prazo, mas não se torna dono. A posse continua com o Estado.

O Poder Soviético velará para que o capitalista arrendatário respeite o acordo, que ele nos seja vantajoso e que se dê a melhora na situação dos operários e camponeses. Sob tais condições, o estímulo do capitalismo não é perigoso, e a vantagem para operários e camponeses consiste em receber mais produtos.

Lênin aponta a importância da propriedade cooperativa na formação do capitalismo de Estado sob hegemonia proletária. Para Lênin, o "capitalismo cooperativo", diferentemente do capitalismo privado, constitui sob o Poder Soviético uma variedade do capitalismo de Estado, e nessa qualidade é vantajoso e útil. A cooperação, como forma de comércio, é mais vantajosa e útil do que o comércio privado, porque facilita a unificação, a organização de milhões de pessoas e depois de toda a população, circunstância que é por sua vez uma vantagem gigantesca do ponto de vista da transição futura do capitalismo de Estado para o socialismo. Em "Sobre a Cooperação", de janeiro de 1923, Lênin aponta a importância das cooperativas para que o capitalismo de Estado possa avançar ao socialismo:

> Na NEP fizemos uma concessão ao camponês como comerciante, ao princípio do comércio privado; daí precisamente decorre (ao contrário do que alguns pensam) a enorme importância da cooperação. No fundo, tudo aquilo de que necessitamos é de cooperativizar a população russa em grau suficientemente amplo e profundo sob o domínio da NEP, pois agora encontrámos o meio de combinar os interesses privados, os interesses comerciais privados, da sua verificação e controle pelo Estado, o meio da sua subordinação aos interesses gerais, o que anteriormente constituía uma escolha para muitos e muitos socialistas. Com efeito, o poder do Estado sobre todos os grandes meios de produção, o poder do Estado nas mãos do proletariado, a aliança deste proletariado com muitos milhões de pequenos e muito pequenos camponeses, a garantia da direção do campesinato pelo proletariado, etc., não é isto tudo o que é necessário para edificar a sociedade socialista integral a partir da cooperação, a partir apenas da cooperação, que antes desprezávamos como mercantilista e que também

agora, sob a NEP, temos o direito de desprezar sob um certo aspecto, não será isto tudo o que é necessário para a construção de uma sociedade socialista completa? Isto não é ainda a construção da sociedade socialista, mas tudo isto é necessário e suficiente para essa construção.

Ao passar à NEP fomos demasiado longe, não no sentido de termos dedicado demasiado lugar ao princípio da indústria e do comércio livres, mas ao passar à NEP fomos demasiado longe no sentido de que nos esquecemos da cooperação, de que subestimamos agora a cooperação e começámos já a esquecer a gigantesca importância da cooperação nos dois aspectos acima indicados desta importância.

Propriamente falando resta-nos «apenas» uma coisa: tornar a nossa população tão «civilizada» que compreenda todas as vantagens da participação de todos na cooperação e organize essa participação. «Apenas» isto. Não precisamos agora de nenhuma outra sabedoria para passar ao socialismo. Mas para realizar este «apenas» é necessária toda uma revolução, toda uma fase de desenvolvimento cultural da massa do povo. Por isso a nossa norma deve ser: o mínimo possível de filosofices e de artifícios. Neste sentido a NEP representa já um progresso, pois se adapta ao nível do camponês mais comum e não lhe exige nada superior. Mas para conseguir, por meio da NEP, que toda a população sem excepção participe nas cooperativas, é necessária toda uma época histórica. Essa época podemos percorrê-la, no melhor dos casos, em um ou dois decénios. Mas será uma época histórica especial, e sem esta época histórica, sem a alfabetização completa, sem um grau suficiente de inteligência, sem habituar suficientemente a população a utilizar os livros e sem uma base material para isso, sem certas garantias, digamos, contra as más colheitas, contra a fome, etc., sem isso não podemos alcançar o nosso objetivo. Toda a questão reside agora em saber combinar esse impulso revolucionário, esse entusiasmo revolucionário, que já revelámos, e revelámos em suficiente quantidade, e que coroámos com um êxito total, saber combiná-lo com a capacidade de ser (estou tentado a dizê-lo) um comerciante inteligente e instruído, o que é absolutamente suficiente para ser um bom cooperador. Por capacidade para ser um comerciante entendo a capacidade de ser um comerciante culto. Que o recordem bem os russos ou simplesmente os camponeses, que julgam que por fazerem comércio já sabem ser comerciantes. Isto é completamente falso. Fazem comércio, mas daí a saber ser comerciante culto há uma grande distância. Agora fazem

> comércio à maneira asiática, enquanto para saber ser comerciante é necessário fazer comércio à maneira europeia. E disto separa-os toda uma época.
> Termino: uma série de privilégios económicos, financeiros e bancários à cooperação; nisto deve consistir o apoio prestado pelo nosso Estado socialista ao novo princípio de organização da população. Mas com isso o problema está colocado apenas em linhas gerais, porque aqui ainda fica por determinar e descrever pormenorizadamente todo o conteúdo da tarefa prática, isto é, é preciso descobrir a forma dos «prémios» (e as condições para a sua entrega) que daremos pela cooperação, a forma dos prémios pela qual ajudaremos suficientemente a cooperação, a forma dos prémios que nos permita formar cooperadores cultos. Com a propriedade social dos meios de produção, com a vitória de classe do proletariado sobre a burguesia, o regime dos cooperadores cultos é o regime socialista.

Lênin então apresenta alguns pontos sobre a relação entre capitalismo de Estado e cooperativismo, inovadoras para a teoria marxista da transição socialista:

> Parecia-lhes que não se devia chamar capitalismo de Estado a um regime no qual os meios de produção pertencem à classe operária e o poder de Estado pertence a esta classe operária. Mas não notavam que eu utilizava a designação «capitalismo de Estado», em primeiro lugar para estabelecer a ligação histórica da nossa posição atual com a posição na minha polémica contra os chamados comunistas de esquerda, e também demonstrei já então que o capitalismo de Estado seria superior à nossa economia atual; o importante para mim era estabelecer o laço hereditário entre o vulgar capitalismo de Estado e aquele capitalismo de Estado não vulgar, e mesmo absolutamente não vulgar, do qual falei ao apresentar ao leitor a nova política económica. Em segundo lugar, para mim sempre foi importante o objetivo prático. E o objetivo prático da nossa nova política económica consistia na obtenção de concessões; as concessões nas nossas condições seriam já sem qualquer dúvida um tipo puro de capitalismo de Estado. Eis em que sentido eu tratava a questão do capitalismo de Estado.

Mas existe ainda um outro aspecto da questão, pelo qual poderíamos necessitar do capitalismo de Estado ou, pelo menos, de estabelecer um paralelo com este. Trata-se da questão da cooperação.

Não há dúvida de que a cooperação, nas condições do Estado capitalista, é uma instituição capitalista coletiva. Também não há dúvida de que nas condições da nossa atual realidade económica, quando unimos as empresas capitalistas privadas - mas unicamente com base na terra socializada e unicamente sob o controlo do poder de Estado, pertencente à classe operária - com as empresas de tipo consequentemente socialista (quando tanto os meios de produção como o terreno em que se encontra a empresa e toda a empresa no seu conjunto pertencem ao Estado), surge ainda a questão duma terceira forma de empresas, que anteriormente não constituíam uma categoria à parte do ponto de vista da importância de princípio, a saber: as empresas cooperativas. No capitalismo privado, as empresas cooperativas diferem das empresas capitalistas como as empresas coletivas das empresas privadas. No capitalismo de Estado, as empresas cooperativas diferem das empresas capitalistas de Estado, em primeiro lugar porque são empresas privadas, e em segundo lugar porque são empresas coletivas. Sob o nosso regime atual, as empresas cooperativas diferem das empresas capitalistas privadas por serem empresas coletivas, mas não diferem das empresas socialistas, desde que o terreno onde estão instaladas e os meios de produção que empregam pertençam ao Estado, isto é, à classe operária.

Não temos suficientemente em conta esta circunstância quando discutimos sobre a cooperação. Esquece-se que a cooperação adquire no nosso país, devido à peculiaridade do nosso regime estatal, uma importância verdadeiramente excepcional. Pondo de parte as concessões, que, diga-se de passagem, não alcançaram no nosso país um desenvolvimento importante, nas nossas condições a cooperação coincide muitas vezes inteiramente com o socialismo.

Para Lênin, o socialismo é entendido como uma etapa superior à do capitalismo desenvolvido. Ele pressupõe a assimilação do saber, da ciência, da cultura burguesa, ao lado de um desenvolvimento das forças produtivas superior à dos países capitalistas avançados. L nin levantou a necessidade de aumentar os progressos da NEP, rumo a construção de um Estado alicerçado na direção operária e o consenso, a confiança dos camponeses, eliminando cada desperdício, o burocratismo, a ineficiência do aparelho estatal. Em 1921, Lênin apontava que:

> Os comunistas não devem recear «aprender» com os especialistas burgueses, incluindo os comerciantes, os pequenos capitalistas sócios de cooperativas, os capitalistas. Aprender com eles duma forma diferente, mas no fundo do mesmo modo que aprendemos e nos instruímos com os especialistas militares. Os resultados do «ensino» deverão ser verificados apenas pela experiência prática: fazei-o melhor do que o faziam ao vosso lado os especialistas burgueses, sabei alcançar duma ou doutra forma o ascenso da agricultura, o ascenso da indústria, o desenvolvimento da circulação de mercadorias entre a agricultura e a indústria. Não regateeis o preço da «lição»: não devemos olhar ao preço, desde que a lição seja proveitosa.

Em 12 de janeiro de 1922, Lênin considera que se tratava de uma luta de classes: "Enquanto existirem classes, a luta de classes é inevitável. No período de transição entre o capitalismo e o socialismo a existência de classes é inevitável". Para que o capitalismo de Estado possa ter um caráter proletário, Lênin afirmava a necessidade de destruir as bases da burocracia. Porém, ainda em 1922, L nin via como causa direta da burocracia a infiltração dos antigos funcionários ou a permanência do velho aparato burocrático czarista.

Herdamos o velho aparato de Estado e isso foi nossa infelicidade. Muito frequentemente, essa máquina estatal trabalha contra nós. Em 1917, depois de termos tomado o poder, os funcionários começaram a nos sabotar. Ficamos muito assustados e pedimos: "Por favor, voltem a seus postos". Eles voltaram, mas isso foi nossa desgraça. Temos agora um enorme exército de funcionários, mas nos faltam pessoas instruídas para exercer um efetivo controle sobre eles. Na prática, acontece frequentemente que, na cúpula, onde temos o poder político, a máquina funciona de algum modo: porém, embaixo, os funcionários têm o completo controle e o exercem de tal maneira que anulam nossas decisões

E L nin lembrava que os capitalistas, apesar de saquearem e roubarem, sabiam alimentar os trabalhadores, enquanto os comunistas não o sabiam. E concluía:

> Durante o ano passado mostramos muito claramente que não sabemos dirigir a economia. Esta é a lição fundamental. No próximo ano, ou demonstramos o contrário ou o Poder soviético não será capaz de sobreviver. Devemos reconhecer sem receio de admiti-lo que em 99% dos casos, comunistas responsáveis estão colocados em postos para os quais não estão preparados, são incapazes de cumprir seus deveres e devem sentar-se para aprender [...]. Temos 18 Comissariados do Povo dos quais pelo menos 15 são totalmente inúteis.

O atraso econômico, nesta passagem, aparece na raiz da burocracia. Outras vezes, Lênin menciona o baixo nível cultural das massas que não teriam capacidade para participar diretamente da gestão do Estado. Nos seus últimos trabalhos, L nin desloca o fulcro do problema para um terceiro fator: a "falta de cultura dos comunistas", com sua incapacidade administrativa, sua inexperiência em matéria de condução dos negócios e gestão da economia. Esta falta de cultura dos comunistas os forçaria a "recorrer ao auxílio da burguesia para construir o socialismo". Os comunistas teriam o poder político e o poder econômico fundamental, estando as grandes empresas, as ferrovias, etc., nas mãos do Estado. Porém — perguntava L nin — o que nos falta?

Obviamente, falta cultura entre a camada dos comunistas que cumprem funções administrativas. Se considerarmos Moscou — 4700 comunistas em posições responsáveis — e se tomamos a grande máquina burocrática, este monte gigantesco, devemos perguntar: quem dirige quem? Duvido muito que se possa dizer, verdadeiramente, que os comunistas estão dirigindo este monte. Para dizer a verdade, eles não estão dirigindo, mas estão sendo dirigidos.

Assim, os comunistas que pareciam deter todo o Poder, alguns anos depois de sua vitória, viam que o Estado não atuava como tinham pretendido, que a máquina recusava a obedecer a mão que a guiava, como um automóvel que caminha não na direção desejada pelo motorista, mas na direção que outra pessoa deseja.

Um dos últimos trabalhos de Lênin foi publicado no Pravda em 4 de março de 1923. O longo artigo " " "testamento político" no qual L nin chega a levantar hipóteses, com base em dados materiais e objetivos, de previsões geopolíticas e econômicas que poderiam ter rompido o cerco militar e econômico ao qual a União Soviética estava submetida. Lênin aponta um cenário sombrio sobre a situação real do Estado:

> Há já cinco anos que nos agitamos para melhorar o nosso aparelho de Estado, mas isso precisamente não tem sido mais do que uma agitação que em cinco anos apenas demonstrou a sua ineficácia, ou mesmo a sua inutilidade ou mesmo a sua nocividade. Esta agitação dava-nos a impressão de trabalho, mas, na realidade, obstruía as nossas instituições e os nossos cérebros. É preciso que, finalmente, isto se modifique.

Para Lênin, "a edificação da nossa República Soviética é uma coisa tão recente e acumulou-se um tal montão de toda a espécie de trastes velhos que dificilmente passará pela cabeça de alguém sentir-se ofendido com a ideia de que entre esses trastes velhos se possam efetuar escavações com a ajuda de alguns ardis, com a ajuda de explorações por vezes dirigidas a fontes bastante distantes ou por caminhos bastante sinuosos; e se passar, pode-se estar certo de que todos nós nos riríamos dele com toda a vontade":

> Na questão do aparelho de Estado devemos tirar agora da experiência passada a conclusão de que seria melhor ir mais devagar. O nosso aparelho de Estado encontra-se num estado tão lamentável, para não dizer abominável, que devemos primeiro refletir profundamente sobre as formas de lutar contra os seus defeitos, recordando que as raízes destes defeitos se encontram no passado, o qual, embora derrubado, não foi superado, não passou a ser um estádio de cultura pertencente ao passado remoto. É precisamente a questão da cultura que coloco aqui, porque nestas coisas só se deve considerar como alcançado aquilo que entrou na cultura, no modo de vida, nos costumes. E entre nós pode dizer-se que o que há de bom na organização social não foi meditado a fundo, não foi compreendido nem sentido, foi apanhado à pressa, não foi verificado, nem ensaiado, nem confirmado pela experiência, nem consolidado, etc. Naturalmente não podia ser doutro modo numa época revolucionária e dada a vertiginosa rapidez do desenvolvimento que em cinco anos nos levou do tsarismo ao regime soviético.

Refletindo sobre as condições de formação do novo Estado, Lênin diz:

> Que elementos possuímos para criar esse aparelho? Apenas dois. Em primeiro lugar os operários, entusiasmados pela luta pelo socialismo. Estes elementos não são suficientemente educados. Eles desejariam dar-nos um aparelho melhor. Mas não sabem como fazê-lo. Não podem fazê-lo. Até agora não alcançaram o desenvolvimento, a cultura que é necessária para isso. E para isso é necessário precisamente ter cultura. Neste aspecto nada se pode fazer de repente ou de assalto, com desembaraço ou energia, ou qualquer outra das melhores qualidades humanas em geral. Em segundo lugar, os elementos de conhecimentos, de educação, instrução, que entre nós são ridiculamente reduzidos em comparação com todos

> os outros Estados. E aqui não podemos esquecer que estamos ainda demasiado inclinados a compensar estes conhecimentos (ou a pensar que podemos compensá-los) pelo zelo, pela precipitação, etc.

O cerco e a guerra foram usados pelos capitalistas para induzir a União Soviética a desperdiçar energia e produção. O resultado final foi uma União Soviética vitoriosa, mas isolada e atormentada pela baixa produção. Naquela época, como agora, cercar e forçar uma longa guerra é a arma para corroer lentamente o potencial do inimigo. O traço geral do nosso modo de vida, consiste agora no seguinte: destruímos a indústria capitalista, procurámos destruir completamente as instituições medievais, a propriedade latifundiária da terra, e neste terreno criámos um pequeno e muito pequeno campesinato, que segue o proletariado porque tem confiança nos resultados do seu trabalho revolucionário. No entanto, não nos será fácil manter-nos só com essa confiança até à vitória da revolução socialista nos países mais desenvolvidos, porque o pequeno e muito pequeno campesinato, sobretudo com a NEP, se mantém por necessidade económica num nível extremamente baixo de produtividade do trabalho. Além disso, a situação internacional fez com que a Rússia fosse agora atirada para trás, com que, no conjunto, a produtividade do trabalho do povo seja hoje no nosso país consideravelmente menos elevada que antes da guerra. As potências capitalistas da Europa Ocidental, em parte conscientemente, em parte de modo espontâneo, fizeram todo o possível para nos lançar para trás, para aproveitar os elementos da guerra civil na Rússia com o objetivo de arruinar o mais possível o país. Precisamente essa saída da guerra imperialista aparecia-lhes, naturalmente, com vantagens consideráveis: se não derrubarmos o regime revolucionário na Rússia, dificultaremos, em todo o caso, o seu desenvolvimento para o socialismo; assim raciocinavam, pouco mais ou menos, aquelas potências, e, do seu ponto de vista, não podiam raciocinar doutro modo. Como resultado, conseguiram semirrealizar a sua tarefa. Não derrubaram o novo regime criado pela revolução, mas também não lhe deram a possibilidade de dar imediatamente um passo em frente tal que justificasse os prognósticos dos socialistas, que lhes desse a possibilidade de desenvolver com uma enorme rapidez as forças produtivas, desenvolver todas as possibilidades que formariam o socialismo, demonstrar a todos e a cada um claramente, com toda a evidência, que o socialismo encerra forças gigantescas e que a humanidade passou agora para um novo estádio de desenvolvimento, que comporta possibilidades extraordinariamente brilhantes.

Lênin retoma então, no final da vida, a questão "O que fazer?"

> Para renovar o nosso aparelho de Estado devemos a todo o custo colocar-nos a tarefa de: primeiro, estudar, segundo estudar e terceiro estudar, e depois controlar que entre nós o saber não fique reduzido a letra morta ou a uma frase na moda (coisa que, não devemos ocultá-lo, acontece com demasiada frequência entre nós), que o saber se transforme efetivamente em carne e sangue, se torne plena e verdadeiramente um elemento integrante do modo de vida. Numa palavra, não temos que apresentar as exigências que apresenta a Europa Ocidental burguesa, mas aquelas que é digno e conveniente apresentar a um país que coloca como sua tarefa desenvolver-se para se tornar um país socialista.

Lênin conclui com o grande desafio do momento: "Devemos conduzir o nosso aparelho de Estado até ao máximo de economia. Devemos expulsar dele todos os vestígios de excessos, dos quais nos ficaram tantos da Rússia tsarista, do seu aparelho burocrático capitalista". Lênin reconhece que esta regra será difícil de manter e de aplicar à realidade. Em suas palavras:

> [...] sei que a regra contrária procurará abrir caminho entre nós através de mil brechas. Sei que teremos que opor uma

gigantesca resistência e dar provas de uma perseverança diabólica, não obstante, estou convencido de que só com esse trabalho conseguiremos alcançar o nosso objetivo e que, só depois de termos alcançado este objetivo, criaremos uma república realmente digna de ser chamada soviética, socialista, etc., etc., etc.

A qualidade do socialismo dependia da seleção da classe dirigente. Nas palavras de Lênin está o mal-estar que surgiu da consciência da insuficiência da classe dirigente. A tarefa de construir o comunismo era imensa e terrível; o contexto histórico era um dos mais complexos e perigosos que se pode imaginar. Nesse contexto, somente uma classe dirigente experiente, competente e motivada poderia ter tirado a União Soviética das águas tempestuosas do cerco.

Ao mesmo tempo, será necessário nomear uma comissão para selecionar candidatos a membros da Comissão Central de Controle. Espero que encontremos candidatos mais do que suficientes para essas tarefas, tanto entre os funcionários experientes de todas as administrações quanto entre os alunos de nossas escolas soviéticas. Não acho que seria justo excluir a priori uma ou outra categoria. Provavelmente teremos que dar preferência a uma composição heterogênea para esse órgão, que deve atender a muitas qualidades e exigências diferentes, de modo que a elaboração da lista de candidatos exigirá um trabalho muito sério. Por exemplo, seria particularmente indesejável que o novo Comissariado do Povo fosse composto por pessoas de apenas um tipo, de oficiais, digamos, ou que excluísse dele homens com qualidades de agitadores, ou outros cujo traço característico seja a sociabilidade ou a capacidade de penetrar em ambientes que oficiais desse tipo geralmente não frequentam, e assim por diante.

Lênin assevera que "devemos escolher de entre as instituições que já criámos quanto a institutos superiores de trabalho, etc., o mínimo, verificar se estão bem organizados e continuar o trabalho apenas se ele estiver na realidade à altura da ciência moderna e nos der todas as conquistas desta. Então não será utópico esperar que ao fim de alguns anos tenhamos uma instituição que estará em condições de cumprir a sua tarefa, isto é: trabalhar sistemática e firmemente, gozando da confiança da classe operária, do Partido Comunista da Rússia e de toda a massa da população da nossa república, para melhorar o nosso aparelho de Estado".

Para Lênin, "as meias medidas seriam aqui extremamente prejudiciais. Todas as normas dos empregados da Inspecção Operária e Camponesa que partissem de qualquer outra consideração estariam, no fundo, baseadas nas velhas considerações burocráticas, nos velhos preconceitos, naquilo que já foi condenado, que provoca o riso geral, etc.". Para Lênin, o que estava em jogo era "ou mostrar agora que aprendemos realmente alguma coisa em matéria de construção do Estado (não é pecado aprender alguma coisa em cinco anos), ou que ainda não estamos maduros para isso; então não vale a pena iniciar a obra". "com o material humano que temos não será imodéstia supor que aprendemos já o suficiente para construir sistematicamente e de novo pelo menos um só comissariado do povo. E certo que este comissariado do povo deve definir todo o nosso aparelho de Estado no seu conjunto".

"Melhor menos, mas melhor" é um lema que enfatiza a importância de focar no essencial e eliminar o supérfluo, buscando a excelência naquilo que realmente importa. A ideia central é identificar o que é fundamental e dedicar tempo e energia a isso, evitando a dispersão e o excesso. Melhor menos, mas melhor" (em russo, , , Lu še men'še, de lu še) tornou-se desde então um ditado na língua russa que defende a preferência pela qualidade da ação em detrimento da quantidade.

Na segunda metade de 1921, a saúde de Lênin tornou-se um problema significativo. Ele começou a sofrer de hiperacusia (incapacidade de tolerar ruídos), dores de cabeça constantes e insônia. O Politburo insistiu que ele tirasse uma folga e, em julho de 1921, Lenin deixou Moscou para passar um tempo em sua casa em Gorki. Em maio de 1922, Lenin sofreu um derrame, mas se recuperou rapidamente. Tentou retomar suas funções em Moscou, mas em dezembro do mesmo ano sofreu outro derrame e retornou a Gorki. Em seu último discurso público, em 20 de novembro de 1922, no plenário dos sovietes de Moscou, Lênin termina dizendo: "por mais difícil que seja esta tarefa, por mais nova que seja ela em comparação com a nossa tarefa anterior, e por mais dificuldades que nos cause, todos juntos, não amanhã, mas no decurso de alguns anos, todos juntos realizaremos esta tarefa a todo custo, de modo a que a Rússia da NEP se torne a Rússia Socialista". Em março de 1923, sofreu outro derrame e, em 21 de janeiro, entrou em coma e faleceu no mesmo dia, aos 53 anos.

6. Depois da NEP

A NEP foi uma curta experiência no socialismo soviético. Trata-se da primeira experiência concreta de "socialismo de mercado", no sentido de ser uma etapa primária do socialismo num país menos desenvolvido. Ela se passa no período que se delimita de 1921, com o artigo de Lênin "Sobre o Imposto em Espécie", e se encerra em 1928, em que a NEP passa a perder vigor e, depois, ser abandonada frente ao estabelecimento, em 1929, do Primeiro Plano Quinquenal na URSS. Stalin foi obrigado a aplicar esse programa e enterrar a NEP, como forma de manter seu poder político frente aos boicotes e sabotagens das burguesias rurais e camponeses médios que aumentavam a cada dia, colocando o regime soviético em risco.

A NEP trouxe mais cereais para as cidades (isto é, aumentou as forças produtivas), através do aumento dos incentivos para os camponeses, especialmente camponeses ricos (kulaks), na base dos antigos incentivos embutidos nas velhas relações de produção. Mas estas mesmas relações de produção pré-revolucionárias restauradas pelos bolcheviques deram o poder aos kulaks de reter os cereais do mercado na esperança de obterem preços mais elevados. Num dado momento, a NEP restaurou rapidamente a aliança operário-camponesa, mas fê-lo à custa do fortalecimento dos inimigos de classe internos dando-lhes, objetivamente, especialmente aos últimos, uma capacidade crescente de determinar o ritmo da construção socialista. Portanto, no curto prazo, a NEP apaziguou o campo, mas, a longo prazo, fortaleceu inevitavelmente as classes opostas à construção socialista.

O pesquisador Vadim Rogovin "virada à esquerda" de Stalin foi a crise da colheita de grãos de 1927: o campesinato, especialmente os ricos, recusou-se massivamente a vender o pão, considerando os preços de compra definidos pelo estado como baixos. A crise econômica interna de 1927 se entrelaçou com uma forte exacerbação da situação da política externa. O Reino Unido rompeu relações diplomáticas com a União Soviética de 24 a 27 de maio. Em 6 de abril, ocorreu um ataque à embaixada soviética em Pequim. Em 12 de maio, a polícia britânica vasculhou a sociedade anônima soviético-britânica Arcos, em Londres. Em junho de 1927, representantes da União Militar Russa Em particular, em 7 de junho, o emigrante branco Koverda Voykov da União Militar Russa "cruzada contra o bolchevismo").

Tukatchevski, então chefe do Estado-Maior, exige uma rápida modernização do exército. A NEP não parecia ter condição de resolver esse problema. Por mais que a economia tenha voltado ao nível de antes da guerra, no tocante à produção industrial e a tecnologia, a diferença relativa aos países capitalistas mais avançados permanece imutável. Medidas drásticas se impõe. Em dezembro de 1927, no 15º Congresso do Partido Comunista da União, Mikoyan admitiu que o país havia vivenciado as dificuldades de "estar às vésperas de uma guerra sem guerra". No Congresso foram adotadas as "Diretrizes para a elaboração do primeiro plano quinquenal de desenvolvimento econômico nacional da União Soviética". A resolução aprovada pelo 15º Congresso dos Bolcheviques em 1927, resume esta motivação fundamental da industrialização:

> Tendo em vista um possível ataque militar dos estados capitalistas contra o estado proletário, o Plano Quinquenal deve dedicar a máxima atenção ao desenvolvimento mais rápido possível dos sectores da economia... que desempenham o papel principal na garantia da defesa do país e na garantia da estabilidade econ mica em tempo de guerra.

Em janeiro de 1928, apenas dois terços dos grãos haviam sido colhidos em comparação com o nível do ano anterior, pois os camponeses se apossavam maciçamente do pão, considerando os preços de compra baixos. As interrupções no abastecimento das cidades e do exército que haviam começado foram agravadas pela exacerbação da situação da política externa. Iniciou-se um pânico entre a população, que resultou na compra em massa de alimentos para o futuro. Em discurso proferido no Plenário do PCUS, em 19 de novembro de 1928, Stálin diz:

> O problema da agricultura, e da cultura de cereais em particular, só surge quando o atraso habitual da agricultura em relação à indústria se transforma num atraso *excessivo* no seu ritmo de desenvolvimento. A característica do estado atual da nossa economia nacional é que nos deparamos com um atraso excessivo no ritmo de desenvolvimento da cultura de cereais em relação ao ritmo de desenvolvimento da indústria, enquanto, ao mesmo tempo, a procura de cereais comercializáveis por parte das cidades e zonas industriais em crescimento aumenta a passos largos. A tarefa, portanto, não é *reduzir* o ritmo de desenvolvimento da indústria ao nível do desenvolvimento da cultura de cereais (o que perturbaria tudo e inverteria o curso do desenvolvimento), mas sim alinhar o ritmo de desenvolvimento da cultura de cereais com o ritmo de desenvolvimento da indústria e *elevar* o ritmo de desenvolvimento da cultura de cereais a um nível que garanta o rápido progresso de toda a economia nacional, tanto da indústria como da agricultura. Agora, assumimos como tarefa ampliar a área cultivada em 7%, aumentar a produtividade agrícola em 3% e aumentar a produção bruta de grãos em, creio eu, 10%. Não há dúvida de que faremos tudo o que estiver ao nosso alcance para realizar

> essas tarefas. Mas, apesar de todas as nossas medidas, não está fora de questão que possamos novamente enfrentar uma quebra parcial da colheita, geadas ou seca nesta ou naquela região, caso em que é possível que essas circunstâncias façam com que a produção bruta de grãos fique aquém dos nossos planos ou mesmo da produção bruta deste ano.
>
> Que formas e meios são necessários para acelerar o ritmo de desenvolvimento da agricultura em geral e do cultivo de grãos em particular?
>
> Existem três dessas maneiras ou canais:
>
> a) aumentando a produtividade das culturas e ampliando a área semeada pelos camponeses pobres e médios;
>
> b) pelo maior desenvolvimento das fazendas coletivas;
>
> c) ampliando as antigas fazendas estatais e estabelecendo novas.

A principal tarefa da economia era desenvolver o poder econômico e militar do Estado ao ritmo mais acelerado possível, acompanhado da eliminação quase completa da indústria privada, permitida pela NEP. A luta de classes se acirrava a tal ponto que inviabiliza uma formação do esquema da NEP, que deve contar com uma situação mais pacífica. Stalin e muitos outros achavam que o ritmo da NEP não permitiria à União Soviética industrializar-se na rapidez necessária para enfrentar essa ameaça externa. Não haveria a paz necessária para o desenvolvimento de longo prazo da NEP. Para garantir sua soberania, direcionou todos esforços na industrialização acelerada e na coletivização do campo, aumentando sua capacidade produtiva e militar. A economia de Stálin não era uma economia de mercado, mas algumas características da NEP continuam, como a promoção de elementos "sem partido" a postos de responsabilidade nas fábricas, com todo esforço para ganhar especialistas, engenheiros e técnicos da "velha escola" para a causa do desenvolvimento industrial e tecnológico do país, a liberdade para empresas fazer diferenciações nos salários.

O primeiro plano quinquenal, aprovado pelo 5º Congresso dos Sovietes da União Soviética em maio de 1929, deu base para o Estado realizar uma série de medidas econômicas, políticas, organizacionais e ideológicas, que elevaram a industrialização ao status do conceito, a era da "Grande Virada". O primeiro Plano Quinquenal tinha duas tarefas fundamentais: promover a coletivização forçada das terras para eliminar o caráter burguês do campo, e acelerar o processo de industrialização da URSS, de modo que o bloco soviético se tornasse, em um curto espaço de tempo, uma potência econômica e militar. Em 1930, foram lançadas cerca de 1.500 instalações, das quais 50 absorveram quase metade de todos os investimentos. Com a ajuda de especialistas estrangeiros, foram erguidos vários edifícios industriais gigantescos: usinas metalúrgicas em Magnitogorsk, Lipetsk, Chelyabinsk, Novokuznetsk, Norilsk Uralmash, fábricas de tratores em Stalingrado, Chelyabinsk, Kharkov Uralvagonzavod.

Em 1935, foi inaugurada a primeira linha do Metrô de Moscou, de tratores, em 1932, a União Soviética recusou-se a importar tratores do exterior e, em 1934, a fábrica de Kirov "Universal", que se tornou o primeiro trator nacional exportado para o exterior. Nos dez anos anteriores à guerra, cerca de 700.000 tratores foram produzidos, o que representava 40% da produção mundial. Ao mesmo tempo, o Estado passou a centralizar a distribuição dos meios de produção e bens de consumo, introduzindo métodos de gestão de comando administrativo e nacionalizando O país teve que expandir a construção de novas indústrias, aumentar a produção de todos os tipos de produtos e começar a produzir novos equipamentos. Stálin disse: "Estamos 50 a 100 anos atrás dos países avançados. Precisamos cobrir essa distância em dez anos. Ou fazemos isso, ou eles nos esmagarão". No período de 1928 a 1937, universidades e faculdades prepararam cerca de dois milhões de especialistas. Muitas novas tecnologias foram dominadas. Assim, foi somente durante o primeiro período de cinco anos que a produção de borracha sintética, motocicletas, relógios, câmeras, escavadeiras, cimento de alta qualidade e tipos de aço de alta qualidade foi ajustada. No final de 1932, foi anunciada a implementação bem-sucedida e antecipada do primeiro plano quinquenal, com duração de quatro anos e três meses. Resumindo seus resultados, Stalin anunciou que a indústria pesada havia cumprido o plano em 108%. Com base na base industrial estabelecida, tornou-se possível realizar um reequipamento em grande escala do exército. Se em 1932 haviam 1.446 tanques e 213 veículos blindados no Exército Vermelho Reino Unido França Alemanha nazista A construção da indústria pesada acelerou o crescimento durante a década de 1930 e elevou o padrão de vida, especialmente para os muitos camponeses que se mudaram para as cidades. Os resultados econômicos do primeiro plano quinquenal foram assombrosos, aumentando em 250% sua produção industrial.

Após o primeiro plano quinquenal, seguiu-se o segundo plano quinquenal, com uma ênfase um pouco menor na industrialização. No final do segundo plano quinquenal, a União Soviética assumiu o segundo lugar no mundo em produção industrial, perdendo apenas para os Estados Unidos. O segundo Plano Quinquenal (1933-1937) visava impor metas mais realistas de cumprimentos produtivos em relação ao plano anterior, além de correção de erros de planejamento econômico. O órgão central de planificação, a Gosplan, projetava um aumento de 50% na produção agropecuária e 100% na indústria leve para elevar o padrão de vida dos soviéticos, além da ampliação do acesso aos bens de consumo individuais. Contudo, apesar das revisões, a indústria pesada ainda era prioridade (Vizentini, 1989). Ademais, o processo de racionamento de alimentos, centralizado no Estado e imposto devido à intensa coletivização das terras, ainda em vigência, foi abolido, o que permitiu maior liberdade de comércio e seu desenvolvimento.

O terceiro plano quinquenal foi interrompido em 1941, quando a União Soviética efetivamente entra na Segunda Guerra

Mundial, ou a "Grande Guerra Patriótica", como os soviéticos a denominavam. Sem a implementação da política de industrialização, a independência política e econômica do país não teria sido assegurada. A implementação da industrialização stalinista, entre 1928 e 1941, transformou a economia soviética em uma potência econômica moderna, possibilitando a vitória sobre a Alemanha nazista.

Ao longo dos anos 1930, a ameaça do sistema de Estados capitalistas tornou-se cada vez mais concreta, até culminar na Grande Guerra Patriótica. Enquanto a crise de 1929 levava o mundo capitalista a um panorama generalizado de desemprego e de estagnação, a URSS seguia seu processo de recuperação socioeconômica e de industrialização. O socialismo popularizou-se, sobretudo na Europa. A URSS, um novo modelo de nação que havia escapado à Grande Depressão, ganhou prestígio. Contudo, isso levou ao aumento das ameaças internacionais à revolução. Em reação ao agravo econômico e ao fortalecimento do socialismo, assistiu-se à ascensão da direita em muitos países, em especial os regimes da Itália, do Japão e da Alemanha. Esses países - que mais tarde formariam o Eixo na II Guerra Mundial - assinaram, entre 1936 e 1937, o pacto anti-Kominterm. Com ele, oficializaram suas intenções previamente declaradas de extinguir o socialismo, o que não só significava perseguir membros dos Partidos Comunistas locais, mas também constituía uma ameaça clara à integridade da União Soviética.

O forte sentimento anticomunista do período, entretanto, não se limitava a governos de cunho fascista. Os dirigentes políticos britânicos e franceses tampouco estavam confortáveis com a ideia de um Estado socialista industrializado e armado no continente europeu sob o mando de Stalin. A hesitação da Grã-Bretanha e da França frente às agressões da Alemanha sobre os países vizinhos, bem como à invasão italiana da Abissínia e à invasão japonesa da Manchúria, frustraram a política soviética de segurança coletiva e reforçaram a necessidade soviética de garantir sua própria segurança frente aos iminentes ataques do Eixo.

As taxas de crescimento soviéticas mais rápidas que se alcançaram ocorreram em 1929-1953, quando a direção soviética defendia firmemente a planificação central e suprimiu as relações de mercado anteriormente toleradas durante a NEP de 1921–1929. A explicação de que a União Soviética precisava de tempo para preparar-se contra a invasão alemã não foi suficiente para evitar que Stalin fosse considerado traidor da causa da revolução. Essa situação só mudou, em parte, após a invasão da União Soviética pelas tropas nazistas e após a virada da batalha de Stalingrado, quando os soviéticos passaram da defensiva à ofensiva e os ventos da guerra mudaram definitivamente. Apesar das perdas terríveis, calculadas em mais de 30 milhões de soviéticos mortos durante o conflito, a União Soviética emergiu da guerra como grande potência socialista.

7. Lênin em Pequim ou Deng Xiaoping e a gigantesca e prolongada NEP chinesa

Um dos últimos trabalhos de Lênin foi publicado no Pravda em 4 de março de 1923. O longo artigo " " ara a União Soviética, havia a possibilidade de se voltar para o Oriente. Os capitalistas, com a cumplicidade dos sindicatos e partidos, haviam economizado o conflito, de modo que os socialistas no ocidente não era a aliada com a qual construir a alternativa e nenhum apoio relevante viria dela por seu compromisso com o capital. Por outro lado, no Oriente, China e Índia tinham um potencial prodigioso em termos de recursos e população. A descolonização que já estava no horizonte só poderia fortalecer a luta e a consciência comunista no Oriente. Para a União Soviética, a porta para o Oriente era uma tábua de salvação, pois com o Oriente era possível não apenas construir uma aliança com base em princípios comunistas comuns, mas também desenvolver um potencial produtivo que poderia levar ao rompimento do isolamento. A aliança era potencialmente possível e isso só poderia ter fortalecido o comunismo soviético no futuro, sua expansão defensiva e libertadora dos oprimidos.

Ao mesmo tempo, vários países, o Oriente, a Índia, a China etc., precisamente por causa da última guerra imperialista, foram definitivamente desviados de seu caminho. Seu desenvolvimento se adaptou definitivamente ao desenvolvimento do capitalismo europeu. Um fermento semelhante ao da Europa teve início neles. Agora está claro para o mundo todo que eles foram arrastados para uma vida de desenvolvimento que não pode deixar de levar a uma crise do capitalismo mundial como um todo. De nossa parte, temos a vantagem de que o mundo inteiro já está se movendo em direção a um movimento do qual a revolução socialista mundial terá de emergir. Mas há também a desvantagem de que os imperialistas conseguiram dividir o mundo inteiro em dois campos, e que essa divisão é ainda mais complicada pelo fato de que a Alemanha, um país capitalista verdadeiramente desenvolvido e educado, está encontrando extrema dificuldade para se reerguer. Todas as potências capitalistas do chamado Ocidente estão mordendo o país e não estão permitindo que ele se recupere. E, por outro lado, todo o Oriente, com suas centenas de milhões de trabalhadores explorados reduzidos ao limite extremo de sua resistência, está em uma condição tal que suas forças físicas e materiais não podem ser comparadas às forças físicas, materiais e militares de nenhum dos estados menores da Europa Ocidental.

Os povos do Oriente haviam começado a luta por sua libertação e, em um futuro não muito distante, a União Soviética, a China, a Índia etc. se tornariam aliados e poderiam inclinar a balança geopolítica para se tornarem os sitiantes que pressionavam as fronteiras ocidentais. A União Soviética e os grandes estados do Leste poderiam ter se tornado as potências socialistas que teriam levado à realização do comunismo e emancipado os povos oprimidos das oligarquias. O colonialismo só seria derrubado se o Oriente, unido em seu propósito, travasse uma luta longa e expansiva, não para colonizar, mas para libertar.

O resultado da luta depende, em última análise, do fato de que a Rússia, a Índia, a China etc. constituem a enorme maioria da população. E é precisamente essa maioria que, nos últimos anos, com velocidade sem precedentes, entrou na luta por sua própria libertação, de modo que, nesse sentido, não pode haver sombra de dúvida sobre o resultado final da luta mundial. Nesse sentido, a vitória final do socialismo está, sem dúvida, totalmente assegurada.

Para a União Soviética da época, a prioridade era a economia e a produção, mas o futuro não se baseava apenas no presente, pois era necessário construir perspectivas. O Oriente era o futuro da União Soviética. O objetivo principal era superar a fome; ela era o resultado da guerra de conquista do Ocidente, cujo objetivo não era a restauração do antigo regime, mas a pilhagem dos recursos nacionais. O colonialismo era o paradigma capitalista que os soviéticos superariam e pagariam com a fome.

A análise de Lênin nos oferece importantes hipóteses geopolíticas. Não seria surpresa para Lênin a revolução chinesa em 1949 e nem as reformas de mercado inspiradas indiretamente pela NEP a partir de 1978. Desde sempre, os comunistas chineses se viam como parte da história aberta pela Revolução de 1917 e tinham Lênin como grande referência. O que veio a ser chamado de maoísmo é uma fusão de marxismo-leninismo com as condições e singularidades da China. E o que veio a ser chamado de socialismo de mercado é uma fusão de diversas referências, incluindo a NEP russa liderada por Lênin.

Como Lênin previu, as revoluções do século XX não nasceram das contradições do desenvolvimento último do capitalismo, mas de sociedade onde predominavam modos de produção pré-capitalistas, imersas em guerras civis, insegurança e fome. Assim, o processo de expansão mundial do socialismo criou diversas formas e experiências de transição.

Após décadas de lutas, os comunistas na China realizam uma revolução vitoriosa em 1949. Assim como na Rússia, a China estava dilacerada e se tornara "o mais pobre dos mais pobres", marcado pelo Século da Humilhação cheia de invasões estrangeiras e guerras civis. Com sua base enraizada em todo o país, o Partido Comunista da China (PCCh) liderado por Mao Tsé Tung liderou a revolução com base no campesinato formada por grande parte da população do país. Ao chegar ao poder, os comunistas chineses trataram de organizar o Estado. A revolução cumpre as tarefas históricas de resistir à agressão imperialista externa e consolidar o poder nacional internamente. Por meio de planos quinquenais e amplos projetos de industrialização, a China aumenta substancialmente sua capacidade produtiva. Porém, no final da década de 1970, a China vivia a fase final do período maoísta: a planificação tornou-se rigidamente centralizada e a economia apresentou-se mais complexa, havia excessiva concentração na indústria pesada, surgiram dificuldades no transporte e insuficiência e má qualidade dos bens de consumo da população. A organização industrial já apresentava queda da produtividade, emprego redundante, salários congelados. Os trabalhadores e camponeses encontravam-se frustrados e descontentes.

Deng Xiaoping (1904-1997) foi o mais poderoso e influente dos líderes do Partido Comunista da China do início dos anos 1980 até sua morte. Ele tinha sido originalmente um colega do presidente do Partido Comunista Mao Zedong durante a Longa Marcha, ou luta revolucionária. Deng presenciou a NEP quando estudou em Moscou nos anos 1920, aplicou a experiência ao assumir a liderança do Partido Comunista no sudoeste da China após a revolução, entre 1949 e 1952. Arquiteto das reformas chinesas de 1978, revive teses da NEP, como quando disse a famosa frase: "Para construir o socialismo, é necessário desenvolver as forças produtivas. Pobreza não é socialismo. Para sustentar o socialismo, um socialismo que se pretende superior ao capitalismo, é imperativo, antes de tudo, eliminar a pobreza". Para Deng, o verdadeiro socialismo não se tratava de manter todos igualmente pobres; tratava-se de tirar as pessoas da pobreza. Deng via um socialismo que, por meio da utilização de mecanismos de mercado e com foco no desenvolvimento e no crescimento econômico, poderia transformar a vida das pessoas comuns e elevar a posição da China na economia global.

Mao permaneceu como principal liderança até sua morte em 1976. Nas décadas de 1960 e 1970, Deng foi banido para a obscuridade por ter defendido uma alternativa ao socialismo de Mao que envolvia reformas de mercado. Após a morte de Mao, os apoiadores de Deng conseguiram ajudá-lo a ganhar poder. Deng passou a liderar uma mudança de direção pelo Partido Comunista Chinês, defendendo a "responsabilidade pessoal" para os moradores que agora podiam vender seus produtos no mercado e apoiando mercados livres, investimento estrangeiro e propriedade privada — nada disso havia sido permitido durante a presidência de Mao.

A ênfase geral depois de 1969 foi na reconstrução do partido, estabilização econômica e uma maior sensibilidade aos assuntos externos. Em 1971, Mao Zedong encarregou o primeiro-ministro Zhou Enlai da responsabilidade de acelerar o desenvolvimento da economia nacional. Ele percebe que o desenvolvimento exige a modernização das máquinas e equipamentos antigos utilizados pela indústria chinesa. Em particular, percebe que a indústria chinesa não poderia ser modernizada sem importações de tecnologia estrangeira. Um programa de modernização só poderia ter êxito com o aumento do comércio com o Ocidente das principais tecnologias que Washington detinha controle por intermédio do

Comite de Coordenação do Trabalho do Atlântico Sul, a OTAN, destinado a limitar a transferência de tecnologias do Ocidente às nações do bloco oriental comunista, inclusive a China. A normalização com os Estados Unidos era crucial para o acesso às fontes ocidentais de tecnologia e técnicas de produção. Assim, decidiu-se importar o necessário de tecnologia estrangeira e melhorar as relações econômicas da China com os países ocidentais, especialmente com os Estados Unidos.

Em janeiro de 1975, Zhou Enlai, falando perante o Quarto Congresso Popular Nacional, delineou um programa do que veio a ser conhecido como as Quatro Modernizações para os quatro setores: agricultura, indústria, defesa nacional e ciência e tecnologia. Esta proposta constituiu a principal diretriz para planos econômicos subsequentes.

No XI Congresso do PCCh, em julho de 1977, Deng Xiaoping e outros veteranos foram reabilitados, além da incorporação de novos quadros dessa mesma corrente, modificando sensivelmente a correlação de forças dentro da composição do Comitê Central e do Bureau Político. A volta de Deng ao poder ocorreu com sua ocupação em tarefas governamentais no terreno da educação, ciência e tecnologia, durante os anos de 1977 e 1978. Deng propunha um reajustamento da economia, "uma retirada parcial, no estilo da Grande Marcha" e insistia na avaliação crítica de Mao. As propostas de Deng, que se baseavam em incentivos materiais, buscam a eficiência econômica e o desenvolvimento com destaque ao comércio exterior.

Para superar o atraso relativo da China, se fazia necessária a modernização econômica. Era preciso estabelecer um sistema que operasse com estabilidade, eficiência, competitividade e cooperação. Seria um programa baseado nas condições nacionais reais. De qualquer forma, a direção do PCCh estava em consenso de que o "modelo estatista" estava levando a URSS para sua estagnação econômica. Para Deng:

> Nossa burocracia, que é resultado da produção em pequena escala, é totalmente incompatível com a produção em larga escala. Para atingir as quatro modernizações e mudar a base tecnológica de toda a nossa economia socialista para a produção em larga escala, é essencial superar os males da burocracia. Nossa atual gestão econômica é marcada por excesso de pessoal, sobreposição organizacional, procedimentos complicados e eficiência extremamente baixa. Tudo é frequentemente afogado em conversa política vazia. Isso não é culpa de nenhum grupo de camaradas. A culpa está no fato de que não fizemos reformas a tempo. Nosso programa de modernização e causa socialista estarão condenados se não os fizermos agora. Devemos aprender a administrar a economia por meios econômicos. Se nós mesmos não conhecemos métodos avançados de administração, devemos aprender com aqueles que conhecem, seja em casa ou no exterior. Esses métodos devem ser aplicados não apenas na operação de empresas com tecnologia e equipamentos recém-importados, mas também na transformação técnica de empresas existentes. Enquanto aguardamos a introdução de um programa nacional unificado de administração moderna, podemos começar com esferas limitadas, digamos, uma região específica ou um determinado comércio, e então espalhar os métodos gradualmente para outros. Os departamentos do governo central envolvidos devem encorajar tais experimentos. Contradições de todos os tipos surgirão no processo e devemos descobri-las e superá-las em tempo hábil. Isso acelerará nosso progresso.

Embora a nova liderança tenha concordado quanto à necessidade de romper com o passado e de reformar o sistema econômico, não houve unanimidade nas opiniões sobre o ritmo e a natureza da reforma, particularmente o papel do mercado versus o do planejamento numa economia socialista. Nos primeiros anos de reforma, tais diferenças de pontos de vista tinham pouca importância política, uma vez que as reformas então adotadas eram experimentais e parciais, dirigidas principalmente ao rejuvenescimento de uma economia que se tinha tornado moribunda como resultado de anos de interferência política combinada com a diminuição da eficácia do planejamento administrativo. Na fase inicial do processo de reforma, a questão foi resolvida considerando o mercado como um complemento útil a uma economia predominantemente planificada.

Nessa época que o Partido Comunista da China começa a teorizar sobre o "socialismo com características chinesas" e sobre a "etapa primária do socialismo". O socialismo chinês não poderia ser cópia de experiências estrangeiras. Por isso a necessidade de fazer avançar entre os militantes do Partido e o povo a "emancipação da mente" e a atitude de "buscar a verdade nos fatos". Em intervenção que serviu como o discurso principal para a Terceira Sessão Plenária em 1978, Deng dizia:

> Quando se trata de emancipar nossas mentes, usar nossas cabeças, buscar a verdade dos fatos e nos unir como um só para olhar para o futuro, a tarefa primária é emancipar nossas mentes. Só então podemos, guiados como deveríamos ser pelo marxismo-leninismo e pelo pensamento de Mao Zedong, encontrar soluções corretas para os problemas emergentes e herdados, reformar frutuosamente aqueles aspectos das relações de produção e da superestrutura que não correspondem ao rápido desenvolvimento de nossas forças produtivas, e traçar o curso específico e formular as políticas, métodos e medidas específicas necessárias para atingir as quatro modernizações sob nossas condições atuais. A emancipação das mentes não foi completamente alcançada entre nossos quadros, particularmente nossos quadros dirigentes. De fato, muitos camaradas ainda não puseram seus cérebros para funcionar; em outras palavras, suas ideias permanecem rígidas ou parcialmente rígidas. Isso não é porque eles não são bons camaradas. É um resultado de condições históricas específicas.

Nossa busca pelas quatro modernizações não chegará a lugar nenhum a menos que o pensamento rígido seja quebrado e as mentes dos quadros e das massas sejam completamente emancipadas. Buscar a verdade dos fatos é a base da visão de mundo proletária, bem como a base ideológica do marxismo.

Assim como no passado alcançamos todas as vitórias em nossa revolução seguindo esse princípio, hoje devemos confiar nele em nosso esforço para realizar as quatro modernizações. Camaradas em cada fábrica, escritório governamental, escola, loja e equipe de produção, bem como camaradas em comitês do Partido nos níveis central, provincial, prefeitural, condado e comuna — todos devem agir de acordo com esse princípio, emancipar suas mentes e usar suas cabeças para pensar em questões e agir sobre elas. Quanto mais membros do Partido e outras pessoas usarem suas cabeças e pensarem bem nas coisas, mais nossa causa se beneficiará. Para fazer a revolução e construir o socialismo, precisamos de um grande número de pioneiros que ousem pensar, explorar novos caminhos e gerar novas ideias. Caso contrário, não seremos capazes de livrar nosso país da pobreza e do atraso ou de alcançar — e muito menos superar — os países avançados. Esperamos que cada comitê do Partido e cada filial do Partido incentivem e apoiem as pessoas dentro e fora do Partido a ousarem pensar, explorar novos caminhos e apresentar novas ideias, e que eles incitem as massas a emancipar suas mentes e usar suas cabeças.

Para Deng, no espírito na NEP chinesa, aponta que não existe contradição fundamental entre o socialismo e uma economia de mercado. Mercado e planificação são meios para desenvolver as forças produtivas, sempre e quando respondam a esse propósito. Se servem ao socialismo são socialistas; se servem ao capitalismo são capitalistas. O problema consiste no modo de desenvolver as forças produtivas com mais eficácia. Uma economia planificada, com o passar dos anos, passa a ser um obstáculo ao desenvolvimento das forças produtivas. Combinar uma economia planificada com uma economia de mercado, com o setor público da economia sempre predominante, torna possível desenvolver a economia para a prosperidade comum, tentando evitar sempre a polarização. Neste contexto, "se algumas pessoas praticam a liberalização burguesa e criam tumulto exigindo direitos humanos e democracia burguesa, é preciso pará-las".

No início das mudanças, argumentava-se de que haveria um limite para as mudanças. Assim, as reformas não poderiam subverter os quatro princípios da revolução, a saber: socialismo, ditadura democrático-popular, direção do PCCh e marxismo-leninismo-maoísmo.

As reformas tiveram início do campo, dando aos 800 milhões de camponeses o direito de escolher diferentes sistemas de responsabilidade pela produção agrícola, de forma cooperada, familiar ou individual. O que se precisava para garantir insumos e alimentos para 1 bilhão de pessoas era ampliar o incentivo aos camponeses com a rápida expansão da indústria leve, bens de consumo e serviços. A nova linha passou a visar o crescimento de formas diversificadas de direito de propriedade. Passou a se introduzir reformas com o objetivo de fortalecer o mecanismo do mercado, sempre com o pressuposto que a propriedade pública deve permanecer dominante. E o motor deste processo foram as empresas estatais consideradas de segurança nacional (indústrias estratégicas ou chaves), como energia, defesa, telecomunicações, máquinas e equipamentos, automotiva, tecnologias da informação, siderurgia, química, construção naval e aviação, pesquisa e desenvolvimento. Elas começaram a se implantar uma autonomia para negociar no mercado, para que viessem a se transformar em grandes conglomerados, que pudessem liderar o processo de modernização.

Os comunistas reformistas chineses liderados por Deng Xiaoping inovaram na condução da industrialização socialista a partir de 1978. Partindo uma base industrial sólida e mais ou menos moderna construída entre 1949 e 1977, os chineses passam a trilhar outro caminho que o soviético em condições de estabilidade interna e externa. Os chineses concordam que a industrialização socialista cria a base material para o desenvolvimento das formas socialistas de economia e a liquidação dos elementos capitalistas, dando as formas socialistas de economia a supremacia técnica necessária para derrotar inteiramente a formação capitalista. Porém, diferentemente da URSS, os chineses buscaram um desenvolvimento gradual, partindo consolidar de indústrias leves para mais complexas. Como um processo gradual – cujas condições para execução nunca existiram na URSS – as reformas econômicas visaram primordialmente atrair novas tecnologias e criar divisas por meio do comércio exterior, com processos de mobilização de meios para o desenvolvimento da indústria que eram vistos como incompatíveis com os princípios de um regime socialista. Com uma condição interna e externa mais estável que a URSS, os chineses passaram a se abrir para o mercado de capitais excedentes das potências capitalistas para solucionar o problema da acumulação de meios para construção da indústria à custa de fontes externas. Buscam investimentos externos para financiar os projetos de desenvolvimento industrial com estatais, cooperativas, empresas privadas e mistas.

As principais reformas apontadas implementadas a partir da ascensão de Deng Xiaoping foram a transferência do controle da produção e distribuição agrícolas das comunas para as famílias por meio do Sistema de Responsabilidade Familiar; a elevação dos preços dos produtos agrícolas, estimulando a produção, a melhoria da produtividade, e o aumento dos lucros, estimulando com o tempo o investimento em atividades não-agrícolas; a eliminação gradual das restrições à mobilidade do trabalho e ao comércio agrícola, e, por fim; as mudanças relacionadas às Empresas de Aldeias e Municípios (EAM), cujo crescimento representou um dos traços mais importantes no período inicial das reformas.

Lembrando as prescrições de Lênin as cooperativas na NEP, Deng aponta que o melhor meio de modernizar uma economia de mercado nacional é começar pela expansão e o aprimoramento da agricultura. Essa expansão cria oportunidades para o desenvolvimento espontâneo das atividades manufatureiras numa relação de apoio mútuo com as atividades agrícolas. Esse crescimento agrícola e industrial gera um excedente de mercadorias que é mais lucrativo vender no exterior, gerando novas oportunidades para o aparecimento de novos ramos de produção especializados e para acumular capital. Em 1983, Deng Xiaoping apontava a importância do trabalho agrário:

> Deve haver um plano abrangente para a produção agrícola, dando prioridade ao aumento da produção de grãos. Devemos elaborar cuidadosamente a quantidade mínima de grãos que terá que ser produzida no ano 2000 para que cada pessoa tenha o suficiente. De uma forma ou de outra, devemos atingir essa meta em 2000. É uma meta de importância estratégica. Na China, cada pessoa geralmente consome de 200 a 250 quilos de grãos por ano, e isso é um acréscimo à quantidade necessária para sementes, ração animal e usos industriais. Não é fácil produzir grãos suficientes; isso exige esforços de vários setores diferentes. O plano geral deve incluir meios específicos para atingir essa meta. Por exemplo, deve haver números separados para a quantidade de grãos adicionais a serem produzidos por meio do uso de mais fertilizantes, por meio do uso de variedades melhoradas de sementes, por meio de construção de capital aprimorada, por meio da prevenção e controle de doenças de plantas e eliminação de pragas, por meio de melhor gerenciamento e assim por diante. No entanto, não podemos depender apenas de aumentos na produção de grãos para quadruplicar a produção agrícola como um todo; devemos confiar principalmente na diversificação. A agricultura tem um grande potencial esperando para ser explorado, mas ainda nem começamos a delinear objetivos gerais. Agrônomos fizeram muitas sugestões boas. Devemos intensificar a pesquisa científica e o treinamento de pessoal competente. Devemos nos concentrar em projetos-chave em ciência agrícola. Nunca devemos esquecer que a agricultura é a base da nossa economia.

A produção de grãos apresentou salto extraordinário durante o período de 1978 e 1992, alcançando cerca de 440 milhões de toneladas, tendo sido acompanhada pela produção de arroz, cana de açúcar, fibras, algodão e frutas, que também apresentaram crescimentos expressivos. A área cultivada da agricultura chinesa passou por substancial elevação, o que se refletiu na incorporação de regiões antes inabituais para a produção da agricultura, mas que, a partir das reformas, passariam a ser incorporadas como consequência do uso intensivo de fertilizantes químicos e da mecanização da produção.

Em 1979, depois de muitas idas e vindas do socialismo durante o século XX, Deng faz um balanço da experiência histórica e traça as metas do socialismo para a China:

> Claro, não queremos o capitalismo, mas também não queremos ser pobres sob o socialismo. O que queremos é um socialismo em que as forças produtivas sejam desenvolvidas e o país seja próspero e poderoso. Acreditamos que o socialismo é superior ao capitalismo. Essa superioridade deve ser demonstrada no sentido de que o socialismo fornece condições mais favoráveis para expandir as for as produtivas do que o capitalismo. Essa superioridade deveria ter se tornado evidente, mas devido à nossa compreensão diferente dela, o desenvolvimento das forças produtivas foi atrasado, especialmente durante o período dos últimos dez anos até 1976. No início dos anos 1960, a China estava atrás dos países desenvolvidos, mas a lacuna não era tão grande quanto é agora. Nos últimos 11 ou 12 anos, do final dos anos 1960 até os anos 1970, a lacuna aumentou porque outros países têm desenvolvido vigorosamente suas economias, ciência e tecnologia, com a taxa de desenvolvimento não sendo mais calculada em termos de anos, nem mesmo em termos de meses, mas em termos de dias. Por um longo período de tempo desde a fundação da República Popular, estivemos isolados do resto do mundo. Por muitos anos, esse isolamento não foi atribuível a nós; pelo contrário, as forças internacionais antichinesas e antissocialistas nos confinaram a um estado de isolamento. No entanto, na década de 1960, quando oportunidades de aumentar o contato e a cooperação com outros países se apresentaram a nós, nós nos isolamos. Finalmente, aprendemos a fazer uso de condições internacionais favoráveis.

Em 1980, numa conversa com o Presidente da República da Guiné, Deng diz:

> Revolução significa levar a cabo a luta de classes, mas não significa apenas isso. O desenvolvimento das forças produtivas também é um tipo de revolução — uma muito importante. É a revolução mais fundamental do ponto de vista do desenvolvimento histórico. Toda revolução é projetada para remover obstáculos ao desenvolvimento das forças produtivas. Como o socialismo é superior ao capitalismo, os países socialistas devem ser capazes de desenvolver suas economias mais rapidamente do que os países capitalistas, melhorando gradualmente os padrões de vida de seus povos e se tornando mais poderosos.

Uma das mais expressivas manifestações da NEP chinesa são as Zonas Econômicas Especiais (ZEEs), áreas litorâneas onde as empresas estrangeiras podiam se instalar com facilidades tributárias e regulatórias, trazendo investimentos, tecnologia e empregos para a China. As ZEEs se tornaram polos de desenvolvimento industrial e comercial, impulsionando o crescimento econômico do país. As ZEEs ofereciam benefícios fiscais e aduaneiros, como isenção ou redução de impostos sobre a importação de matérias-primas e exportação de produtos acabados, estimulando o crescimento do setor manufatureiro e impulsionando as exportações chinesas. As ZEEs adotaram regulamentações mais flexíveis em comparação com o restante do país, com maior liberdade para as empresas estrangeiras em termos de contratos, salários, horários de trabalho e outras práticas comerciais. A redução da burocracia e a agilidade na tomada de decisões ajudaram a atrair investimentos estrangeiros e a facilitar o comércio internacional. O governo chinês também investiu pesadamente na infraestrutura das ZEEs, construindo portos modernos, rodovias, ferrovias e instalações de logística. Essa infraestrutura bem desenvolvida facilitou o transporte de mercadorias e a conectividade com os mercados globais, aumentando a eficiência e a competitividade das empresas estabelecidas nas ZEEs. As empresas estrangeiras estabelecidas nessas zonas trouxeram tecnologia avançada, expertise gerencial e conexões internacionais, estimulando a transferência de conhecimento e impulsionando a inovação na China. Elas também promoveram o desenvolvimento de clusters industriais, com empresas do mesmo setor se agrupando em uma área específica, promovendo a colaboração, a competição saudável e a sinergia entre as empresas. Isso contribuiu para o crescimento de cadeias de suprimentos eficientes e o desenvolvimento de especialização regional em determinados setores.

Nas ZEEs, vemos a política de "concessões" de Lênin: outorga do direito de desenvolver uma determinada atividade econômica à concessionário estrangeiro, onde o Estado não dispõe de recursos para fazê-lo por contra própria. O concessionário investe em tecnologia, instala indústrias em parceria com estatais ou empresas privadas nacionais. O terreno é arrendado por um período entre 20 e 50 anos, com prazo de concessão prolongado. Uma boa parte dos recursos das ZEEs passa a criar uma infraestrutura moderna que integra todo o país, impulsiona indústrias e novas tecnologias em diversas cadeias produtivas. O sucesso nas ZEE iniciais fez com que o governo chinês promovesse a expansão das vantagens fiscais e financeiras do plano original das reformas para outras regiões costeiras do país, onde foram criadas, em 1985, mais 14 ZEE. Em junho de 1990, o governo chinês abriu a Nova Área de Pudong em Xangai para investimentos estrangeiros e cidades adicionais ao longo do vale do Rio Yangtze, com a Nova Área de Pudong de Xangai como sua "cabeça de dragão".

Para Deng, "Socialismo" é um bom termo, mas se não for possível ter uma compreensão correta dele e adotar políticas corretas para estabelecê-lo, a China não seria capaz de demonstrar sua essência. Em suas palavras: "acreditamos que o caminho socialista é o correto. Ao construir o socialismo, cada país deve adotar políticas proporcionais às suas condições particulares. Quanto a um país grande como o nosso, devemos dar a devida consideração às condições específicas de cada área".

De acordo com nossa experiência, para construir o socialismo, precisamos antes de tudo desenvolver as forças produtivas, que é nossa principal tarefa. Esta é a única maneira de demonstrar a superioridade do socialismo. Se as políticas econômicas socialistas que estamos buscando são corretas ou não depende, em última análise, se as forças produtivas se desenvolvem e a renda das pessoas aumenta. Este é o critério mais importante. Não podemos construir o socialismo apenas com conversa fiada. As pessoas não vão acreditar.

Deng criticava o modelo econômico, inspirado na experiência soviética, de ter engessado o sistema produtivo e sobrecarregado a burocracia política com decisões que oneravam o Estado, pois, a adoção de mecanismos de mercado seria a solução para o desenvolvimento econômico chinês.

Devemos entender teoricamente que a diferença entre capitalismo e socialismo não é uma economia de mercado em oposição a uma economia planejada. O socialismo tem regulação pelas forças de mercado e o capitalismo tem controle por meio do planejamento. Você acha que o capitalismo tem liberdade absoluta sem nenhum controle? O status de nação mais favorecida também é uma forma de controle. Você não deve pensar que, se tivermos alguma economia de mercado, estaremos tomando o caminho capitalista. Isso simplesmente não é verdade. Tanto uma economia planejada quanto uma economia de mercado são necessárias. Se não tivéssemos uma economia de mercado, não teríamos acesso às informações de outros países e teríamos que nos reconciliar com o atraso. Zonas econômicas especiais foram definidas como áreas abertas para o investimento estrangeiro e instalação de empresas em um sistema de joint ventures, combinando a expertise de grandes multinacionais e o capital nacional, representado por empresas públicas coordenadas pelo PCCh. Dessa forma, a RPC atraiu, não apenas o capital estrangeiro, mas, principalmente, ciência e tecnologia, que Deng acreditava, juntamente com a educação, constituir a força produtiva primária para o desenvolvimento econômico.

Em 1984, ao conversar com uma delegação japonesa, Deng Xiaoping explica que "o marxismo atribui a maior importância ao desenvolvimento das forças produtivas" e que chegar ao comunismo pressupõe um "alto grau de desenvolvimento das forças produtivas e uma grande abundância de bens materiais". A superioridade do socialismo ao capitalismo, nessa etapa, se manifestaria na sua maior capacidade de promover o desenvolvimento das forças produtivas e na capacidade de fazer avançar o nível de vida do povo. O mercado deixa de ser considerado algo caro somente ao capitalismo, assim como a planificação deixa de ser considerada algo que existe somente no socialismo. Deng Xiaoping argumenta que nos regimes capitalistas os monopólios precisam dispor de alto grau de planificação da economia, assim como no socialismo o Estado precisa utilizar mecanismos de mercado como melhor forma para promover a alocação de recursos e assim desenvolver as forças produtivas. Na "etapa primária do socialismo" Deng também deu enfoque à ciência e tecnologia (um de seus setores das 4 grandes modernizações), e idealizou a abertura de parques de desenvolvimento tecnológico no país. Em 1986, abriu em parceria com a Universidade Tsinghua o parque tecnológico de Zhongguancun (Tuspark), em Pequim, que até hoje é um dos maiores polos de inovação do país. Na década de 80, Deng também promoveu programas de subsídio do governo para investimento em laboratórios de P&D (Pesquisa e Desenvolvimento) e educação, para que a China ficasse gradativamente próxima às potências do Ocidente em desenvolvimento tecnológico.

Deng reviveu a máxima de Lênin para NEP: "Avançada tecnologia capitalista + Estado da ditadura do proletariado", defendendo fortemente a inovação, dizendo: "Quanto ao desenvolvimento da ciência e das tecnologias, quanto mais altas e novas, melhor e mais contentes ficaremos. Em nosso esforço para concretizar a modernização, o ponto chave é elevar o nível de nossa ciência e tecnologia. Devemos exigir um estilo de trabalho realista ou revolucionário. Isso nos ajudará a transformar ideais elevados em realidade, passo a passo". Em 1982, ele disse: "No domínio das tecnologias, seremos bons em aprender; em particular, devemos ser bons em inovar". As reformas propostas por Deng consistem na adoção de novos e inexplorados rumos. O Estado deveria ser reorientado para liderar o esforço de modernização econômica, no sentido específico de favorecer, com incentivos e proteção, a atração de capitais privados estrangeiros e, simultaneamente, preservar determinada presença estatal direta na esfera produtiva. A aposta e a confiança nos efeitos estruturais e positivos da integração com o mercado mundial levou à política de portas abertas e de estreitamento das relações com o Japão e o Ocidente, sobretudos os Estados Unidos.

A China manteve firmemente seu processo de desenvolvimento ancorado no socialismo de mercado, fazendo gradualmente reformas visando a melhor organização das forças produtivas, modernizando as estatais, as cidades, o sistema financeiro e de defesa nacional. Manteve seu crescimento em nível quantitativo e acelerado, vislumbrando as metas definidas para o fim do século. Chama atenção um balanço de Deng Xiaoping das reformas até então:

> O mundo atual está aberto. Uma razão importante para o atraso da China após a revolução industrial nos países ocidentais foi sua política de portas fechadas. Depois da fundação da República Popular fomos bloqueados por outros, então o país ficou praticamente fechado, o que nos criou dificuldades. A experiência dos últimos trinta anos demonstrou que uma política de portas fechadas atrapalharia a construção e inibiria o desenvolvimento. Partindo das realidades na China,

> devemos antes de mais nada resolver o problema do campo. Oitenta por cento da população vive em áreas rurais, e a estabilidade da China depende da estabilidade dessas áreas. Por mais bem-sucedido que seja nosso trabalho nas cidades, isso não significará muito sem uma base estável no campo. Assim, começamos por dinamizar a economia e por aí adotar uma política aberta, de modo a colocar em ação a iniciativa de 80 por cento da população. Adotamos essa política no final de 1978 e, depois de alguns anos, ela produziu os resultados desejados.

Abrimos 14 cidades costeiras de grande e médio porte. Congratulamo-nos com o investimento estrangeiro e técnicas avançadas. A gestão também é uma técnica. Eles vão minar nosso socialismo? Provavelmente não, porque o setor socialista é o esteio da nossa economia. Nossa base econômica socialista é tão grande que pode absorver dezenas e centenas de bilhões de dólares em fundos estrangeiros sem ser abalada. O investimento estrangeiro servirá, sem dúvida, como um importante complemento na construção do socialismo em nosso país. E do jeito que as coisas estão agora, esse suplemento é indispensável. Naturalmente, alguns problemas surgirão na esteira do investimento estrangeiro. Mas seu impacto negativo será muito menos significativo do que o uso positivo que podemos fazer dele para acelerar nosso desenvolvimento. Pode acarretar um pequeno risco, mas não muito. Bem, esses são nossos planos. Devemos acumular novas experiências e tentar novas soluções à medida que surgem novos problemas. Em geral, acreditamos que o caminho que escolhemos, que chamamos de construção do socialismo com características chinesas, é o certo. Há cinco anos e meio percorremos esse caminho e alcançamos resultados satisfatórios; de fato, o ritmo de desenvolvimento até agora excedeu nossas projeções. Se continuarmos assim, poderemos atingir a meta de quadruplicar o PIB da China até o final do século. E assim posso dizer aos nossos amigos que estamos ainda mais confiantes agora.

Em 1987, o décimo terceiro Congresso Nacional do PCC propôs a ideia de que a China, devido ao seu subdesenvolvimento histórico, estava no "estágio primário do socialismo", em que a tarefa principal era desenvolver as forças produtivas e estabelecer uma estratégia de desenvolvimento econômico em etapas para alcançar um padrão de vida relativamente bom para o povo e realizar a modernização socialista até o centenário da revolução, em 2049. Reconhecendo o atraso do país em relação aos países capitalistas desenvolvidos, bem como a imperiosa necessidade de desenvolver as forças produtivas, os chineses adotam uma estratégia de desenvolvimento de "três passos". O país deveria duplicar o seu PIB de 1980 e resolver completamente o problema da alimentação e vestimenta do povo; quadruplicar o PIB de 1980 até finais do século XX e fazer com que o povo viva uma vida razoavelmente cômoda; fazer com que em meados do século XXI o PIB per capita da China se aproxime dos países medianamente desenvolvidos e que a modernização socialista se realize no fundamental. Em 1988, Deng dizia:

> Reforma e abertura são os meios pelos quais desenvolveremos nossa economia em três estágios. O objetivo do primeiro estágio é garantir que as pessoas tenham comida e roupas adequadas, e isso foi realizado antes do tempo. O objetivo do segundo estágio é permitir que as pessoas vivam uma vida relativamente confortável até o final deste século. Ainda faltam doze anos, e parece que seremos capazes de atingir esse objetivo. E o objetivo do terceiro estágio é atingir o nível de países moderadamente desenvolvidos até meados do próximo século. Esse objetivo será difícil de atingir. A última década deste século será crucial para estabelecer uma base e criar boas condições para o desenvolvimento econômico na primeira metade do próximo. Não existe um programa perfeito para a reforma. O importante é agir com prudência, aplicar métodos adequados e escolher o momento certo. É impossível não cometer erros, mas devemos tentar evitar os sérios e modificar o programa se surgirem problemas. A reforma envolve riscos, mas acredito que podemos executá-la. Essa previsão otimista

> não é infundada. Ao mesmo tempo, devemos basear nosso trabalho no possível surgimento de problemas sérios e nos preparar para eles. Dessa forma, mesmo que o pior aconteça, o céu não cairá.

Assim como Lênin, Deng enfatizava que a prioridade é desenvolver as forças produtivas e livrar o país da pobreza. Para materializar o processo de desenvolvimento, foi preciso levar a cabo uma reforma profunda do sistema, com o objetivo de desfazer os obstáculos no caminho das forças produtivas. Isso envolveu combinar o sistema fundamental do socialismo com o mecanismo do mercado, que não é um elemento particular do capitalismo. Na visão de ambos, o capitalismo também tem planificação e o socialismo também tem economia de mercado, sendo preciso fazer proveito do mercado como instrumento do projeto nacional socialista de longo prazo.

Pegar o caminho para o socialismo é realizar a prosperidade comum passo a passo. Nosso plano é o seguinte: onde as condições permitirem, algumas áreas podem se desenvolver mais rápido do que outras; aquelas que se desenvolverem mais rápido podem ajudar a promover o progresso daquelas que ficarem para trás, até que todas se tornem prósperas. Se os ricos continuarem ficando mais ricos e os pobres mais pobres, a polarização surgirá. O sistema socialista deve e pode evitar a polarização. Uma maneira é que as áreas que se tornam prósperas primeiro apoiem as pobres pagando mais impostos ou gerando mais lucros para o estado. Claro, isso não deve ser feito muito cedo. No momento, não queremos diminuir a vitalidade das áreas desenvolvidas ou encorajar a prática de fazer com que todos "comam da mesma panela grande". Devemos estudar quando levantar essa questão e como resolvê-la. Posso imaginar que o momento certo pode ser o fim deste século, quando nosso povo estiver vivendo uma vida razoavelmente confortável. Naquela época, enquanto as áreas desenvolvidas continuam a crescer, elas também devem dar forte apoio às áreas menos desenvolvidas pagando mais impostos, gerando mais lucros e transferindo tecnologia. A maioria das áreas menos desenvolvidas é rica em recursos e tem grande potencial para desenvolvimento. Em suma, considerando o país como um todo, estou confiante de que podemos gradualmente diminuir a distância entre as áreas costeiras e interiores.

Assim, a relação entre plano e mercado é dialética. Uma economia planejada não significa necessariamente praticar o socialismo e uma economia de mercado não significa necessariamente praticar o capitalismo, uma economia de mercado pode ser praticada sob o socialismo – "Não há contradição fundamental entre o socialismo e uma economia de mercado. Devemos entender teoricamente que a diferença entre capitalismo e socialismo não é uma economia de mercado em oposição a uma economia planejada. O socialismo é regulado pelas forças de mercado e o capitalismo tem controle por meio do planejamento". Na visão de Deng:

> Os planos de longo prazo devem ser mais flexíveis, enquanto os planos anuais devem ser mais específicos, embora, é claro, também devam ter alguma flexibilidade. Devemos prestar atenção à melhoria da eficiência econômica, em vez de apenas buscar aumentos no valor e na quantidade da produção. A experiência mostra que sempre que nossos planos foram muito ambiciosos, nos excedemos. Esta foi uma lição amarga para nós. Já estamos cientes desse erro e continuaremos a nos proteger contra ele no futuro. Mas agora enfrentamos a situação oposta. Em suma, os princípios para elaborar planos são: eles devem ser específicos, flexíveis e realizáveis se trabalharmos duro.

Para Deng, "O socialismo em si é o primeiro estágio do comunismo, e aqui na China ainda estamos no estágio primário do socialismo — isto é, o estágio subdesenvolvido. Em tudo o que fazemos, devemos proceder dessa realidade, e todo planejamento deve ser consistente com ela".

Em um país socialista, um partido governante genuinamente marxista deve se dedicar ao desenvolvimento das forças produtivas e, com base nisso, elevar gradualmente os padrões de vida do povo. Isso significa construir uma sociedade com altos padrões materiais. Por muito tempo, negligenciamos o desenvolvimento das forças produtivas, então agora estamos prestando atenção especial à obtenção de altos padrões materiais. Ao mesmo tempo, estamos construindo uma sociedade socialista com altos padrões culturais e éticos, o que significa essencialmente que nosso povo deve ter ideais comunistas, integridade moral, uma boa educação e um forte senso de disciplina.

Deng dizia que após o primeiro período de reformas, a China iria entrar num processo de desenvolvimento acelerado e veloz. O propósito da reforma é mudar a estrutura econômica que restringe o desenvolvimento das forças produtivas. As reformas visavam "um programa nacional unificado de gerenciamento moderno". E assim foi feito. Desde a reforma e abertura, a China desenvolveu vigorosamente indústrias de mão-de-obra intensiva, participou do mercado internacional com produtos industriais de baixa tecnologia, entrou nos elos de baixo valor agregado da cadeia industrial internacional e, assim, integrou-se ao ciclo econômico internacional. de alta intensidade tecnológica (informática, equipamento de telecomunicações, instrumentos médicos e ótica, aeronáutica e a indústria farmacêutica). Isso se deve, além do fator político ligado ao Partido Comunista, ao consistente investimento em tecnologia.

Quando a China embarcou no caminho das reformas econômicas, da adoção das forças de mercado e da permissão de investimentos estrangeiros, alguns consideraram isso um afastamento do socialismo. Porém, como muitos nem conhecem a experiência leninista da NEP, não puderam entender o fundamental sobre as reformas a partir de 1978. As reformas de Deng Xiaoping utilizaram mecanismos de mercado para enfrentar os desafios urgentes após anos de bloqueio econômico e a turbulência da Revolução Cultural, mantendo, ao mesmo tempo, uma estrutura socialista.

Deng Xiaoping e seus sucessores aplicaram essa ideia marxista de maneira empiricamente sólida, mostrando como os sistemas de mercado podem ser compatíveis com o desenvolvimento do socialismo, e até mesmo facilitar seu desenvolvimento. Enquanto os mecanismos de mercado foram introduzidos, o Partido Comunista da China (PCCh) manteve seu rígido controle político, impedindo a burguesia de se tornar uma classe coesa e politicamente poderosa. Trata-se, em grande medida, da definição de "capitalismo de Estado" no pensamento Lênin.

Deng Xiaoping abordou essa questão quando declarou: "Não permitiremos que uma nova burguesia se forme". As empresas privadas contribuíram para o crescimento econômico, enquanto o domínio do Partido foi protegido. A observação de Deng, em 1985, ao primeiro-ministro do Zimbábue, Robert Mugabe, de que "talvez Lênin tivesse uma boa ideia ao adotar a Nova Política Econômica" destaca o paralelo entre a NEP e as reformas da China; ambas constituíam uma abordagem pragmática, permitindo que a iniciativa privada limitada revitalizasse a economia, preservando, ao mesmo tempo, plena autoridade política para a classe trabalhadora e seus aliados. Para Deng:

> Dissemos que o socialismo é a fase primária do comunismo e que, na fase avançada, será aplicado o princípio de 'de cada um segundo sua capacidade e a cada um segundo suas necessidades'. Isso exige forças produtivas altamente desenvolvidas e uma abundância avassaladora de riqueza material. Portanto, a tarefa fundamental da fase socialista é desenvolver as forças produtivas. A superioridade do sistema socialista é demonstrada, em última análise, pelo desenvolvimento mais rápido e maior dessas forças do que sob o sistema capitalista.

Domenico Losurdo (2004) defende o ponto de vista de que a evolução da China contemporânea vem de uma concepção realista do socialismo. Para ele, baseando-se no materialismo histórico, a liderança chinesa estaria somente reconhecendo a situação concreta das necessidades imperiosas de desenvolvimento das forças produtivas e modernização tecnológica, em um processo de longo prazo, no quadro mundial de "estabilização contemporânea do capitalismo". Losurdo observou: "A ordem social que atualmente se considera válida na China apresenta-se como uma espécie de NEP gigantesca e expandida". Dentro da teoria marxista da transição socialista, a China realiza uma grande retirada estratégica numa "gigantesca e prolongada NEP".

Para Thomas Kenny, a NEP é semelhante à Economia Socialista de Mercado (ESM) em todos os aspectos chave. Na finalidade e no conteúdo de classe a NEP e a ESM são idênticas: aumentar a riqueza da classe trabalhadora, do Estado socialista, através de uma política que necessita do crescimento de novas classes que são objetivamente hostis à construção socialista. As suas principais políticas são idênticas. Ambas promovem mecanismos de mercado, a propriedade privada, a concorrência, a integração na economia capitalista externa. Os seus resultados tiveram a mesma sequência. Em teoria, são idênticas. Desenvolveram-se e realizaram a recuperação das forças produtivas recuando para relações capitalistas de produção historicamente ultrapassadas, discordantes dos objetivos socialistas de um Estado dos trabalhadores.

Obviamente, existem diferenças entre a NEP e o socialismo de mercado na China, por diferentes circunstâncias históricas. A Rússia pré-1914 era um país capitalista de desenvolvimento médio, que foi arruinado pela I Guerra Mundial, pela intervenção estrangeira e pela guerra civil. No início da NEP, o governo de Lênin estava em perigo de perder o apoio do campesinato. Além disso, a militarização dos regimes de extrema-direita na Europa colocava uma grande pressão sobre a NEP, que se via boicotada pelo isolamento internacional. A Rússia Soviética cercada tinha o mundo externo hostil a pouca distância, interagindo com ele meramente através de acordos de paz e acordos comerciais. Assim, mesmo com a NEP, o Estado soviético permaneceu em grande medida economicamente autônomo.

Em 1949, a China era um país semifeudal e semicolonial; em 1978 a China havia perdido anos preciosos de desenvolvimento devido ao isolamento internacional, primeiro na Longa Marcha e depois da Revolução Cultural. As condições para a NEP chinesa são consideravelmente mais favoráveis, pois pode ser realizada sem o cerco imperialista total. De 1978 até 1991, o alvo principal da hostilidade, pressão e subversão imperialista era a URSS, não a China Popular. Com o fim da URSS, a supremacia político-militar-econômica dos EUA não via a China como um competidor. A aproximação entre China e Estados Unidos, no contexto da Guerra Fria da década de 1970, criou condições históricas que a URSS nunca teve, possibilitando o uso ampliado do comércio exterior, parcerias visando apropriação de tecnologias modernas e menos pressão nos gastos militares por não ter riscos imediatos de guerra. A NEP russa se passou num contexto de crescente preparação para uma guerra mundial. Já a NEP chinesa acontece num contexto pacífico, com maior distensão e autonomia em relação às potências imperialistas. Em contraste com a Rússia, a China teve meios para integração impetuosa na economia capitalista mundial.

Como um processo gradual – cujas condições para execução nunca existiram na URSS –, as reformas econômicas visaram primordialmente atrair novas tecnologias e criar divisas por meio do comércio exterior, com processos de mobilização de meios para o desenvolvimento da indústria que eram vistos como incompatíveis com os princípios de um regime socialista. Com uma condição interna e externa mais estável que a URSS, os chineses passaram a se abrir para o mercado de capitais excedentes das potências capitalistas para solucionar o problema da acumulação de meios para construção da indústria à custa de fontes externas. Buscam investimentos externos para financiar os projetos de desenvolvimento industrial com estatais, cooperativas, empresas privadas e mistas.

A NEP chinesa não segue rumo ao neoliberalismo selvagem, mas constrói as bases do socialismo de mercado, regulado por plano quinquenais. Na URSS, os planos quinquenais foram implantados após a NEP. Na Rússia, a NEP foi vista como um recuo temporário para o "capitalismo de Estado". Na China, o socialismo de mercado perdura por muito mais tempo. A China Popular abraçou todas as novas doutrinas do desenvolvimento, alongando a transição para o socialismo.

Outra diferença são as referências – no caso da Rússia, era a Alemanha e os Estados Unidos. As reuniões de 1978 no Partido Comunista da China apontavam a necessidade de se partir do nível real das forças produtivas, sem elevar seu grau de socialização de maneira voluntária, isso é, conviver e estimular outras formas de propriedade além da estatal, especialmente cooperativas, empresas privadas e empresas mistas, que podem ter diversas configurações. Assim rompia-se definitivamente com as "soluções universais" e alterava-se o foco para soluções peculiarmente chinesas para as questões econômicas, políticas, militares, etc. Analisavam-se as experiencias de outras economias planificadas, as experiencias de reformas de mercado da NEP na Rússia e das reformas na Hungria, Polônia e Iugoslavia na década de 1960 e 1970. Também se buscava estudar e aprender com as experiencias asiáticas de desenvolvimento rápido asiático, especialmente de Cingapura e os Tigres Asiáticos. Deng estava atento ao "estado desenvolvimentista", termo usado para descrever fortes políticas intervencionistas implementadas pelo Japão que levaram a uma industrialização rápida e sustentada e a um desenvolvimento econômico de longo prazo. O termo tornou-se uma abreviação para a ascensão bem-sucedida dos países recém-industrializados (NICs) do Leste Asiático, ou os 'Tigres Asiáticos' – Japão, Coréia do Sul, Taiwan e Cingapura. Este paradigma afirma o Estado como chave para o processo de desenvolvimento, com capacidade e intenção de resolver falhas de mercado, escassez de capital e falta de coordenação entre governos e elites econômicas. Um dos princípios de um estado desenvolvimentista envolve a elaboração de uma aliança estado-empresa mutuamente benéfica, por meio da qual o estado implementa uma série de incentivos e recompensas para persuadir os capitalistas domésticos a realizar investimentos em setores específicos da economia. Essa relação sustenta parcialmente a justificativa para a propriedade nacional. A propriedade nacional abre um espaço de desenvolvimento para empresas domésticas competirem com empresas multinacionais por meio do protecionismo estatal. Como as empresas estrangeiras podem expulsar as empresas de propriedade nacional nas indústrias de média e alta tecnologia, as empresas nacionais só podem alcançar o reconhecimento da marca e a sutileza tecnológica das empresas estrangeiras por meio do protecionismo do mercado em um período de tempo limitado. Crucialmente, as relações estado-empresas estão inseridas em uma estrutura política, na qual a gestão centralizada de rendas permite que os estados imponham estabilidade política, reduzam os custos de transação para atores privados para motivar o empreendedorismo e criar mais oportunidades impulsionado pela produtividade.

Deng esteve em Cingapura de 12 a 14 de novembro de 1978, quando se encontrou pela primeira vez com o primeiro-ministro de Cingapura, Lee Kuan Yew. Esta visita permitiu que estes dois líderes notáveis se conhecessem e se entendessem, bem como estabelecessem colabora es subsequentes que influenciaram ambos os pa ses e, indiretamente, a regi o como um todo. A visita de Deng a Cingapura permitiu que ele visse em primeira mão o crescimento e o desenvolvimento de Cingapura como uma ilha e um estado-nação. Deng visitou Cingapura pela primeira vez em 1920, quando tinha 16 anos, a caminho da China para a França para um programa de trabalho e estudo. Cingapura era então uma cidade portuária colonial britânica. Cinquenta e oito anos depois, Deng testemunhou a transformação de Cingapura em uma cidade-estado moderna. Ele ficou surpreso com o nível de desenvolvimento que a pequena nação insular havia alcançado em apenas duas gerações. Além da China, Cingapura é a única nação independente onde os chineses étnicos formam a maioria. Durante a visita de Deng, Lee declarou que se os chineses em Cingapura, que descendem de migrantes mal educados do sul da China, puderam ter sucesso nesse grau, a China continental poderia se sair ainda melhor com as políticas certas. Lee Kuan Yew, comentou com confiança que a China logo estaria no mesmo nível ou até mesmo superaria Cingapura. Lee disse: "Somos apenas descendentes de fazendeiros analfabetos e sem-terra em Fujian, Guangdong e outros lugares, mas muitos de vocês são descendentes de autoridades e acadêmicos". Deng considerou como a China poderia se tornar tão moderna quanto Cingapura, ou até mesmo superá-la (Marcelino, 2025).

Outra diferença crucial é que na Rússia da NEP, o Partido mantinha uma vigilância estrita sobre a economia. As autoridades em Pequim transferiam grande parte da supervisão da economia para organismos regionais e locais. Centralização a política e descentralização a economia, o que garantiu um processo duradouro e capilarizado. Do ponto de vista institucional, um dos elementos mais importantes das reformas na China foi a introdução de um sistema de terras e de um mercado de terras. Nela, o governo central permitiu que os municípios arrendassem as propriedades rurais em contratos de longo prazo para fossem desenvolvidas. Para promover o desenvolvimento urbano, o Estado realiza chamadas públicas, leilões e concessões para a transmissão de posse dos terrenos, que podem durar entre

40 e 70 anos dependendo do seu uso. Os leilões de terra são essenciais para as finanças públicas municipais, que somam cerca de 30% da receita dos governos municipais. Isso deu origem a um sistema duplo desde os anos 1980, no qual a terra urbana é propriedade do Estado e a terra rural é de propriedade coletiva. A terra urbana permanece como propriedade do Estado ainda hoje, mas os direitos de uso podem ser concedidos ou alugados para fins comerciais. A propriedade da terra e os direitos de uso foram separados. As municipalidades e os condados tornaram-se responsáveis pela alocação e a expropriação da terra em benefício de diferentes usuários. Além disso, o arrendamento tornou-se uma grande fonte de receita para os municípios para que houvesse a possibilidade de investimento na infraestrutura local. As motivações financeiras dos governos locais foram a força que dirigiu a acumulação baseada na terra. Nesse conjunto de transformações, o papel que a terra passa a cumprir na acumulação chinesa precisa ser particularmente ressaltado, sobretudo seu processo de capitalização, o qual tem ocorrido em três sentidos: (i) taxas de transferência da terra são coletadas pelos governos municipais para financiar o desenvolvimento, o aperfeiçoamento e a manutenção do ambiente urbano construído de modo a atrair investimento estrangeiro e aumentar a base de impostos; (ii) as terras pertencentes ao Estado são alugadas pelos governos municipais para fins industriais, comerciais, mercado imobiliário; (iii) a terra urbana tem sido empregada como forma de obter empréstimos bancários e mobilizar o capital necessário para promover melhorias e expandir o ambiente urbano construído. Portanto, a terra na China urbana contemporânea é usada como um ativo crucial para servir ao incremento da urbanização e à acumulação de capital local.

Nesse contexto, o governo central descentralizou os poderes e responsabilidades sobre investimento e sobre o desenvolvimento econômico, favorecendo os governos provinciais e municipais. Apesar do sistema centralizado de governo para uma série de políticas, a gestão territorial segue um modelo em "pirâmide" onde, a partir da capital, são determinados padrões gerais de planejamento que devem ser seguidos em todo país. Regiões e municípios tem o dever de elaborar seus próprios planos, mais detalhados. No entanto, diferente do Brasil, onde um município tem autonomia para aprovar o seu Plano Diretor, na China os planos devem ser sempre aprovados pela instância superior: o xiangxi guihua, ou Plano Detalhado, e o zongti guihua, ou Plano Geral, devem ser aprovados pela instância regional, e os planos regionais devem ser atualizados quando há mudanças nas recomendações em nível federal. O efeito em cascata também ocorre para questões como, por exemplo, quanta área será urbanizada em cada ano, pois o Ministério de Terra e Recursos Naturais define quanta área pode ser urbanizada em cada província e, em seguida, a província aloca esta área entre as suas cidades. Além disso, são os municípios que decidem sobre a venda das posses, sobre o desenvolvimento de infraestrutura e a emissão de licenças de construção, e o governo central interfere no mercado imobiliário através de condições de financiamento e no planejamento macroeconômico. E a urbanização está diretamente ligada ao processo de industrialização. Um dos diferenciais do desenvolvimento chinês é a vantagem que as suas empresas têm por ter uma conexão íntima entre elas por meio da lógica econômica dos distritos industriais ou "clusterização" da urbanização. Clusters se espalham ao longo do Delta do Rio das Pérolas, região que engloba Hong Kong, Macau e a província de Guangdong. Os clusters de cidades tornaram-se as áreas-chave estratégicas para China para promover a urbanização e o desenvolvimento económico, chegando a uma série de aglomerações urbanas que incluem cidades centrais e vários agrupamentos de cidades dentro das províncias para promover o desenvolvimento de aglomerados de cidades (Marcelino, 2024).

Para se liberar as forças produtivas, flexibilizou-se o controle dos meios de produção de setores não-estratégicos, favorecendo a formação de empresas privadas e cooperativas. O crescimento do setor privado se deu em conjunto com o aumento da competitividade das estatais e cooperativas. O gasto público cresceu significativamente com as empresas estatais sendo a espinha dorsal da economia, mantendo controle dos principais meios de produção que atuam no mercado sozinhas e em grupos e servem de base do planejamento macroeconômico, capaz de dirigir e regular o mercado. Os chineses abriram sua economia de forma calculada e gradual, apresentando como atração o baixo custo relativo de mão-de-obra, a boa infraestrutura de energia, transporte e comunicação, orientação no processo de investimentos e a estabilidade social e política. Aproveitando o capital externo para criar e adensar suas cadeias produtivas, condicionaram os investimentos à associação com empresas chinesas, a transferência de novas e altas tecnologias e a participação no comércio internacional. Criaram um sistema monetário soberano. Modernizaram as estatais e descentralizaram o planejamento. Mantém uma política ativa de distribuição de renda por meio de aumentos constantes de salários, aposentadorias e serviços públicos. E assim vem superando a dependência, um caso singular na história.

A China montou um processo de produção de bens de consumo de massa a preços baratos que invadiu todas as fronteiras e ocupou as prateleiras do planeta, tornando-se a fábrica do mundo. Com o dinheiro que acumulou no comércio internacional, fortaleceu suas instituições financeiras e passou a ser exportadora de capital, tornando-se, também, banco do mundo. Agora, a China pretende ser líder global da 4ª Revolução Industrial. Ela já está na liderança da produção de energia renovável e da transição da indústria automobilística do motor a combustão interna para os carros elétricos. Também lidera o 5G, a construção de cidades inteligentes, o uso de smartphone para as compras e pretende ser a líder isolada da Inteligência Artificial. Tem o supercomputador mais rápido do mundo e o maior centro de pesquisa de computação quântica. Seu projetado sistema de navegação por satélite compete com o GPS dos EUA. E ultrapassou os EUA ocupando o primeiro lugar na produção mundial de artigos científicos. Sem dúvidas, Lênin estaria orgulhoso dos resultados da NEP chinesa.

8. Lênin e a teoria do gato

Talvez nada represente melhor o espírito da NEP chinesa do que a teoria do gato de Deng Xiaoping, uma filosofia econômica pragmática, resumida na célebre frase: "não importa se um gato é preto ou branco, contanto que ele pegue ratos (不管黑猫白猫，能捉到老鼠就是好猫)". Em 1962, Deng, então vice-primeiro-ministro da China, citou o provérbio antigo da dinastia Qing como um endosso à política de reforma econômica de lotes familiares, mercados rurais livres e cota de produção fixa. A reforma foi iniciada após o Grande Salto Adiante.

Quanto a que tipo de relações de produção é o melhor modo, temo que teremos que deixar o assunto a critério das autoridades locais, permitindo que adotem qualquer modo de produção que possa facilitar a recuperação e o crescimento mais rápidos da produção agrícola. As massas também devem ter permissão para adotar qualquer modo que considerem adequado, legalizando práticas ilegais conforme necessário. Essas são todas ideias provisórias, não decisões finais, então elas não necessariamente acontecerão no futuro. Ao falar sobre lutar batalhas, o camarada Liu Bocheng frequentemente cita um provérbio de Sichuan — "Não importa se é um gato amarelo ou um gato preto, contanto que ele pegue ratos."

A teoria do gato foi revivida depois que Deng Xiaoping se tornou o líder da China em dezembro de 1978, quando ele e seus aliados lançaram a "Reforma e Abertura". A famosa palavra de ordem "enriquecer é glorioso", lançada por Deng em 1978, imitando a frase de Bukharin, em 1925, na União Soviética ("Camponeses, enriquecei-vos"), era o principal guia para a ação da NEP chinesa. E ganha destaque a formulação de Lênin sobre a NEP, em que "os comunistas não devem recear aprender com os especialistas burgueses, incluindo os comerciantes, os pequenos capitalistas sócios de cooperativas, os capitalistas. Aprender com eles duma forma diferente, mas no fundo do mesmo modo que aprendemos e nos instruímos com os especialistas militares".

Após a Terceira Sessão Plenária do Décimo Primeiro Comitê Central do Partido Comunista da China, a "teoria do gato" se tornou um símbolo teórico da mudança do foco do trabalho social da China para o desenvolvimento econômico. Como pragmático, Deng acreditava que se envolver em debates teóricos atrasaria oportunidades. Ele achava que argumentos vazios não ajudam e a verdade só pode ser testada na prática, o que visava reduzir a resistência e a interferência do dogmatismo e do esquerdismo. Ele queria evitar debates ideológicos, como, por exemplo, se as políticas são "chamadas de socialistas" ou "chamadas de capitalistas". Para todas as reformas, tudo o que importava eram os resultados, se as políticas atendiam a um dos "três pontos positivos": um efeito positivo na produtividade socialista; um impacto positivo na força nacional geral; ou um efeito positivo no padrão de vida das pessoas. Então, segundo ele, devemos agir com ousadia e não tirar conclusões precipitadas antes de tentar algo. A abordagem aberta e elástica envolvia suavizar e diluir o antagonismo teórico entre a economia planejada — socialista — e a economia de mercado — capitalista — com base na filosofia pragmática. Deng argumentou que uma economia planejada economia de mercado instituições políticas o socialismo o capitalismo "Métodos para aumentar a produção podem servir ao socialismo, ou podem servir ao capitalismo. Quem os usa bem, é a quem eles servem". Se trata, pois, de eficácia e não ideologia.

Nas palavras de Deng,

> [...] não pense que qualquer economia planejada é socialista e qualquer economia de mercado é capitalista. Não é assim que as coisas são. Na verdade, planejamento e regulamentação pelo mercado são ambos meios de controlar a atividade econômica, e o mercado também pode servir ao socialismo.

Em 1987, numa conversa com os principais membros do Comitê Central do Partido Comunista da China, Deng pergunta:

> Por que algumas pessoas sempre insistem que o mercado é capitalista e somente o planejamento é socialista? Na verdade, ambos são meios de desenvolver as forças produtivas. Enquanto servirem a esse propósito, devemos fazer uso deles. Se servirem ao socialismo, são socialistas; se servirem ao capitalismo, são capitalistas. Não é correto dizer que o planejamento é somente socialista, porque há um departamento de planejamento no Japão e também há planejamento nos Estados Unidos. Em um momento, copiamos o modelo soviético de desenvolvimento econômico e tínhamos uma economia planejada. Mais tarde, dissemos que em uma economia socialista o planejamento era primário. Não devemos mais dizer isso.

Para Deng, não há contradição fundamental entre socialismo e economia de mercado. O problema é como desenvolver as forças produtivas de forma mais eficaz. "Costumávamos ter uma economia planejada, mas nossa experiência ao longo dos anos provou que ter uma economia totalmente planejada dificulta o desenvolvimento das forças produtivas até certo ponto. Se combinarmos uma economia planejada com uma economia de mercado, estaremos em melhor posição para liberar as forças produtivas e acelerar o crescimento econômico". Ao mesmo tempo em que existem vantagens inerentes ao socialismo, também foram sendo empregados alguns métodos capitalistas — "mas apenas como métodos de acelerar o crescimento das forças produtivas". Para Deng, "a China não tem alternativa senão seguir esse caminho. É o único caminho para a prosperidade".

Lênin assumia que não se tratava de implantar um capitalismo de Estado convencional, mas um capitalismo de Estado no qual o próprio Estado, criação histórica para atender aos interesses burgueses, funcionaria sob uma outra lógica, uma lógica ditada pelo proletariado. Nesse capitalismo de Estado, o poder de jurisdição já estaria nas mãos do proletariado, ou seja, o Estado continuaria representando interesses de uma classe e teria, pois, um importante papel a cumprir. A diferença fundamental é que a classe representada não seria mais a burguesia, e sim a classe trabalhadora. Enfim, com o Estado proletário, é viável colocar as técnicas capitalistas de produção em funcionamento no sentido da construção do socialismo, é possível usar forças capitalistas como coadjuvantes no processo de construção do socialismo. A "colaboração" prevista entre elementos socialistas e capitalistas conformada pelo capitalismo de Estado "peculiar" da Rússia não tinha qualquer caráter de compromisso de poder. Para o desenvolvimento das forças produtivas, privilegiar-se-iam as relações econômicas assentadas no capitalismo de Estado, portanto, as relações capitalistas de produção, mas por hipótese alguma era pensado recuar no poder proletário. Assim, aos capitalistas que estivessem dispostos a colaborar com o Estado soviético seria permitido que operassem as formas capitalistas de produção, sendo-lhes pago um tributo econômico, mas eles ficariam incondicionalmente excluídos do poder.

Para Deng, assim como Lênin, a introdução e o desenvolvimento da propriedade privada não devem ser interpretados como fenômenos progressistas, dado ao suposto "caráter avançado" de tal tipo de propriedade. Pelo contrário, do ponto de vista histórico, trata-se de um recuo estratégico. A propriedade privada é algo que tende a ser superado pela propriedade de todo o povo, e é este o caminho que deve ser seguido pela política de Reforma e Abertura. Portanto, a utilização da propriedade privada como um dos componentes da economia chinesa durante a fase primária do socialismo, é algo determinado pelo atraso da produtividade no país e não devido a sua "superioridade" em relação a propriedade pública. Na fase primária do socialismo, o setor estatal e público da economia deve ser constantemente reformado, para assim aumentar a eficiência e a produtividade deste setor, bem como buscar novas formas de realização da propriedade estatal, levando em consideração todos avanços obtidos no campo do desenvolvimento econômico, melhorando a capacidade de cumprir o seu papel de dirigente e coluna vertebral da economia socialista. As reformas, portanto, não podem ser aplicadas como forma de se justificar a privatização da economia estatal.

O que é socialismo e o que é marxismo? Não éramos muito claros sobre isso no passado. O marxismo atribui extrema importância ao desenvolvimento das forças produtivas. Dissemos que o socialismo é o primeiro estágio do comunismo e que no estágio avançado será aplicado o princípio de cada um de acordo com sua capacidade e de cada um de acordo com suas necessidades. Isso exige forças produtivas altamente desenvolvidas e uma abundância avassaladora de riqueza material. Portanto, a tarefa fundamental da etapa socialista é desenvolver as forças produtivas. A superioridade do sistema socialista é demonstrada, em última análise, pelo desenvolvimento mais rápido e maior dessas forças do que sob o sistema capitalista. À medida que se desenvolvem, a vida material e cultural das pessoas melhorará constantemente. Uma das nossas deficiências após a fundação da República Popular é que não prestamos atenção suficiente ao desenvolvimento das forças produtivas. Socialismo significa eliminar a pobreza. Pauperismo não é socialismo, muito menos comunismo.

Nesta formulação, considerava-se que a China se encontrava numa fase primitiva do socialismo, na qual a economia mercantil era uma parte essencial. Assim, o objetivo da reforma era estabelecer um sistema econômico que combinasse o planejamento com a utilização das forças de mercado. Na etapa primária do socialismo a China conviveria com múltiplas formas de propriedade, incluindo a propriedade privada, que deve contribuir com o desenvolvimento das forças produtivas. Nesta fase, mercado e planificação serão combinados e utilizados como instrumentos para desenvolver a economia e promover a modernização socialista. O setor estatal continuaria sendo a coluna vertebral da economia chinesa, mas seria reformado, para que suas empresas se tornem competitivas e eficientes. Os chineses estipulam que essa fase poderá durar até 2050. Em 1992, Deng apontava que a proporção de planejamento para as forças de mercado não era a diferença essencial entre socialismo e capitalismo. Uma economia planejada não é equivalente ao socialismo, porque há planejamento sob o capitalismo também; uma economia de mercado não é capitalismo, porque há mercados sob o socialismo também. Planejamento e forças de mercado são ambos meios de controlar a atividade econômica. A essência do socialismo é a libertação e o desenvolvimento das forças produtivas, a eliminação da exploração e da polarização, e a conquista final da prosperidade para todos. Este conceito deve ser esclarecido para as pessoas. Os títulos e o mercado de ações são bons ou ruins? Eles envolvem algum perigo? Eles são peculiares ao capitalismo? O socialismo pode fazer uso deles? Permitimos que as pessoas reservem seu julgamento, mas devemos experimentar essas coisas. Se, após um ou dois anos de experimentação, elas se mostrarem viáveis, podemos expandi-las. Caso contrário, podemos acabar com elas e acabar logo com isso. Podemos pará-las todas de uma vez ou gradualmente, total ou parcialmente. O que há para ter medo? Enquanto mantivermos essa atitude, tudo ficará bem, e não cometeremos grandes erros. Em suma, se quisermos que o socialismo alcance a superioridade sobre o capitalismo, não devemos hesitar em aproveitar as conquistas de todas as culturas e aprender com outros países, incluindo os países capitalistas desenvolvidos, todos os métodos avançados de operação e técnicas de gestão que refletem as leis que regem a produção socializada moderna.

A razão pela qual algumas pessoas hesitam em realizar a reforma e a política aberta e não ousam abrir novos caminhos é, em essência, que elas têm medo de que isso signifique introduzir muitos elementos do capitalismo e, de fato, tomar o caminho capitalista. O ponto crucial da questão é se o caminho é capitalista ou socialista. O principal critério para fazer esse julgamento deve ser se ele promove o crescimento das forças produtivas em uma sociedade socialista, aumenta a força geral do estado socialista e eleva os padrões de vida [...]. Não há razão para ter medo deles. Enquanto mantivermos a cabeça no lugar, não há motivo para alarme. Temos nossas vantagens: temos as grandes e médias empresas estatais e as empresas rurais. Mais importante, o poder político está em nossas mãos.

Todos estes aspectos estão dentro da perspectiva da NEP. Destaca-se também as prescrições leninistas sobre a defesa da ditadura do proletariado, também chamada de ditadura democrática popular. Não faz diferença a cor do gato na arena do desenvolvimento econômico, desde que o poder seja exercido pelo Partido capaz de avançar e reafirmar o seu caráter marxista e proletário. Para Deng, devemos defender a ditadura do proletariado. Fizemos muita propaganda explicando que a ditadura do proletariado significa democracia socialista para o povo, democracia desfrutada pelos trabalhadores, camponeses, intelectuais e outros trabalhadores, a democracia mais ampla que já existiu na história. No passado, não praticamos a democracia o suficiente e cometemos erros. Sem democracia não pode haver socialismo e nem modernização socialista. Claro, a democratização, como a modernização, deve avançar passo a passo. Quanto mais o socialismo se desenvolve, mais a democracia deve se desenvolver. Isso está além de qualquer dúvida. No entanto, o desenvolvimento da democracia socialista não significa de forma alguma que podemos dispensar a ditadura do proletariado sobre forças hostis ao socialismo. Somos contra a ampliação do escopo da luta de classes. Não acreditamos que haja uma burguesia dentro do Partido, nem acreditamos que sob o sistema socialista uma burguesia ou qualquer outra classe exploradora ressurgirá após as classes exploradoras e as condições de exploração terem sido realmente eliminadas. Mas devemos reconhecer que em nossa sociedade socialista ainda existem contrarrevolucionários, agentes inimigos, criminosos e outros elementos ruins de todos os tipos que minam a ordem pública socialista, bem como novos exploradores que se envolvem em corrupção, peculato, especulação e lucro. E também devemos reconhecer que tais fenômenos não podem ser todos eliminados por muito tempo. A luta contra esses indivíduos é diferente da luta de uma classe contra outra, que ocorreu no passado (esses indivíduos não podem formar uma classe coesa e aberta). No entanto, ainda é uma forma especial de luta de classes ou uma forma especial do que sobrou, sob condições socialistas, das lutas de classes da história passada. Ainda é necessário exercer a ditadura sobre todos esses elementos antissocialistas, e a democracia socialista é impossível sem ela. Essa ditadura é uma luta interna e, em alguns casos, uma luta internacional também; na verdade, os dois aspectos são inseparáveis. Portanto, enquanto a luta de classes existir e enquanto o imperialismo e o hegemonismo existirem, é inconcebível que a função ditatorial do estado deva definhar, que o exército permanente, os órgãos de segurança pública, os tribunais e as prisões devam definhar. Sua existência não está em contradição com a democratização do estado socialista, pois seu trabalho correto e eficaz garante, em vez de dificultar, tal democratização. O fato é que o socialismo não pode ser defendido ou construído sem a ditadura do proletariado.

Durante todo o processo de reformas, de 1978 até nossos dias, a China manteve a característica leninista-stalinista em torno da natureza sistemática e continuada do planejamento chinês e a capacidade de fazer políticas efetivas de seu Estado nacional. A sociedade socialista deve controlar os meios de produção e estabelecer a economia estatal mediante a ditadura do proletariado, como propuseram Marx e Engels. Porém, o principal elemento que explica a ascensão da China não é ter se transformado num país capitalista, mas a capacidade de "sinicização do marxismo", isso é, o socialismo com características chinesas – com seu sistema político singular. A sistemática chinesa de formulação e implementação de planos quinquenais confere ao seu planejamento, quer em termos gerais ou setoriais, uma eficácia muito maior que em países capitalistas. Em primeiro lugar, porque a cultura de planejamento de longo prazo já está estabelecida e é uma rotina para todos os órgãos de governo. Em segundo lugar, porque há continuidade nas ações e os novos planos dão sequ O principal fio condutor na história da China, desde 1949, é a persistente estrutura institucional Partido/Estado, com toda sua centralidade, ora contestada, ora reforçada, e seus efeitos amplos e profundos, ideológicos, políticos e econômicos, na vida chinesa. O enraizamento do partido está em cada província, cada cidade, escola, asilo, vilarejo, comandos por bairro, etc. – hoje até nas grandes empresas. O sistema de governança nacional sob a liderança do Partido Comunista da China é o resultado do desenvolvimento de longo prazo, melhoria gradual e evolução endógena com base na herança histórica, tradições culturais e desenvolvimento econômico e social da China. O conceito de aperfeiçoamento integra a expectativa entre as gerações. O Partido, com mais de 80 milhões de pessoas, é singular em tamanho e sua forma de organização. Pratica o centralismo democrático, tem um sistema organizacional e disciplina rígidos, cobrindo todos os departamentos e campos e alcançando o nível de base. O Partido Comunista da China é capaz de unificar pensamentos e ações, com forte capilaridade social e capacidade organizacional, alta eficiência no planejamento e execução, podendo realizar tarefas importantes e responder efetivamente aos principais desafios nacionais. Ele absorve grande maioria dos membros proeminentes da sociedade chinesa para se tornarem membros do partido, mas também tem talentos notáveis de todas as esferas da vida, o que é incomparável a qualquer outra organização política. Mais um exemplo do aprimoramento da longa NEP chinesa.

9. Nova economia do projetamento ou NEP?

Ao se ter excluído Lênin – e o socialismo real - de suas referências, a esquerda ocidental proliferou um pensamento mágico, romântico e utópico. Ao não ter teorias que surgem com o advento de um novo modo de produção, se apegam a conceitos muitas vezes sem qualquer compreensão histórica. Normalmente as críticas à experiência chinesa se resumem à abordagem de que seria avessa à teoria econômica marxista, pois nega a contradição irreconciliável entre o modo capitalista de produção para o lucro do capital e um sistema social cooperativo planejado da produção para a necessidade social, ou seja, o socialismo. Também se aponta as sérias desigualdades sociais e "o desenvolvimento perigoso do capital financeiro especulativo", assim como a falta de uma verdadeira democracia operária como uma base necessária para a transição para o socialismo. Como vimos, essas premissas não tem qualquer fundamento na teoria de Marx e Lênin.

Elias Jabbour, um dos principais especialista em China no Brasil, vem desenvolvendo uma importante contribuição no debate e nas formulações sobre a economia política chinesa. Observa que a afirmação de que "a China é um país capitalista" O conceito de "capitalismo de Estado" é vago, pois todo capitalismo é de Estado – com seus exércitos, mercados e moedas. Assim, pode-se resumir que "capitalismo de Estado" é o processo em que um poder político busca estratégias de desenvolvimento nacional, afastando-se das receitas liberais e buscando promover interesses das maiorias nacionais. Pode-se dizer que, quando o Estado atinge algum nível de autonomia estratégica e capacidade independente de planejamento, é que estão colocadas as condições para realização do capitalismo de Estado. Um estado desenvolvimentista é caracterizado por ter forte intervenção do estado, bem como extensa regulamentação e planejamento. A ideia de "Estado desenvolvimentista" fundamenta- -se na construção de processos de desenvolvimento alicerçados em políticas setoriais, programas macroeconômicos e projetos de infraestrutura, com a participação ativa do Estado. Geralmente, a caracterização de um Estado desenvolvimentista compreende, segundo Bresser-Pereira (2010), (a) um certo nível de nacionalismo econômico; (b) a proteção ou a sustentação da indústria doméstica; (c) o fortalecimento da burocracia estatal; (d) o corporativismo fundado em uma aliança entre Estado, trabalho e setor privado; (d) o incentivo à inovação e à transferência de tecnologia; e (e) a prioridade do crescimento econômico sobre a estabilidade monetária. Em distintos contextos, porém, cada uma dessas características se revela mais ou menos evidente.

O desenvolvimento capitalista liderado pelo Estado não é apenas gerar crescimento econômico ou fornecer serviços sociais. Envolve muito mais do que simplesmente gerenciar variáveis macroecon micas como taxas de c mbio, volumes de oferta de moeda e taxas de juros. Em suas vers es mais avan adas, o estado tamb m controla empresas que vão desde a manufatura até o varejo e as indústrias de turismo. O setor público está no centro de muitas economias por meio da propriedade pública de serviços públicos, como sistemas de transporte, serviços de comunicação e instalações de produção de energia, entre outras coisas.

"capitalismo de Estado". Porém, é evidente que a experiência da China não se compara aos capitalismos de Estado orientado pelas forças políticas capitalistas. Aqueles que acreditam na completa restauração do capitalismo na China, primeiro desconsideram que o capitalismo nunca foi dominante na história chinesa e que faz toda diferença quem controla e como orienta o núcleo da base material e financeira, se está sob controle público ou privado. Além disso, a China opera de forma muito diferente de qualquer "capitalismo de Estado" que já existiu. Apesar de ter diversas características dos estados desenvolvimentistas, seu segredo encontra-se no poder político que permite ampliar as capacidades estatais e sociais, com papel crescente do Estado. Ao se não compreender que a variante chinesa – assim como a russa da NEP – não aponta para a manutenção do capitalismo monopolista, mas para transição para um novo modo de produção, não se percebe que o "capitalismo de Estado" sob hegemonia proletária não é uma variante de capitalismo, mas uma fase inicial da longa transição socialista.

Como vimos a partir de Lênin, existem diferenças do "capitalismo de Estado" sob hegemonia das forças políticas capitalistas ou socialistas. No capitalismo, o foco do Estado é o capital. Interfere para implantar infraestrutura para o capital, para apoiar setores do capital e salvar o capital quando entra em crise. O capital é incapaz de uma perspectiva de longo prazo. E qualquer compensação para as classes populares é feita à contragosto. No capitalismo de Estado sob hegemonia proletária, o Estado planeja e explicita seus projetos, combinando ações de curto, médio e longo prazo. O papel do Estado é diferente das outras economias de mercado. O Estado mantém o controle dos principais meios de produção, a maioria do sistema financeiro, o desenvolvimento tecnológico e os ramos estratégicos da indústria e infraestrutura. O Estado interfere no mercado com seus bancos, indústrias, fazendas e órgãos de governo, evitando desiquilíbrios do mercado em relação a preços e propriedades.

Jabbour lembra que a China é uma sociedade em que existe capitalismo, é uma sociedade de transição, é uma formação econômico-social orientada ao socialismo por conta da existência tanto de um poder político de novo tipo quanto pelo domínio da propriedade pública da produção sobre todas as outras formas históricas de propriedade. Para ele, isso não impede que na China o novo conviva com os piores fenômenos do capitalismo. Mas sob o pensamento positivista, tendo em vista que na China tem consumismo, tem desigualdade, tem fetiche, tem alienação, essa experiência, por conta da existência de partes dela com essas características, tem que ser jogada no lixo porque não é uma experiência de um novo tipo, não é uma experiência socialista.

O ponto central de nossa discussão não está em responder se a China é, conforme sua constituição e dirigentes, um Estado socialista ou, trata-se – no mais generoso juízo de valor – de uma variante asiática de capitalismo de Estado. Nesse tocante, infelizmente, não pensamento hegemônico pertence à noção para quem o que ocorre na China é uma "restauração capitalista" sob a forma de um "capitalismo de Estado". Não é de se surpreender que um autor da estatura de David Harvey (1992), que não somente alça Deng Xiaoping ao mesmo altar neoliberal de Reagan e Thatcher, ainda constata que "a espetacular emergência da China como uma força econômica global pós-1990 foi uma consequência não intencional do rumo neoliberal no mundo capitalista avançado".

Jabbour aponta o centro da questão: qual modo de produção é dominante? A resposta demanda a interposição de outras questões: qual classe e/ou força política detém o controle dos fatores objetivamente estratégicos sejam eles políticos (a força política representativa da classe social que exerce controle do poder do Estado) ou econômicos (o modo de produção que detém o poder real tanto sobre os ferramentais fundamentais do processo de acumulação – de juros, taxa câmbio e sistema financeiro estatal – quanto na promoção de deslocamento e concentração do próprio setor produtivo em indústrias- -chave e possibilitando crescimento e desenvolvimento a partir da geração dos efeitos de encadeamento industrial aos demais modos de produção)?

De acordo com Jabbour, o socialismo contemporâneo se define por três elementos principais: o controle político exercido por um partido comunista, a propriedade pública dos meios de produção e a utilização estratégica da razão como instrumento de governo. Ele destacou a China como a experiência mais avançada dessa nova forma de organização socioeconômica. Nenhum capitalismo de Estado na história teve sob controle total do Estado cerca de 100 grandes companhias e mais de uma dezena de bancos de desenvolvimento. Em nenhum capitalismo de Estado a burguesia, apesar de existente e forte economicamente, esteve completamente despida de poder. Em nenhum capitalismo de Estado na história a burguesia teria de engolir a existência de células do Partido Comunista em suas propriedades, muito menos entubar aumentos de salários acima da produtividade.

Jabbour aponta que o uso do mercado como ferramenta transitória nunca significou abandonar a perspectiva socialista. Se o Estado tem sido capaz de coordenar um processo de desenvolvimento único, o setor privado tem se mostrado um interessante suplemento do setor público na economia. Outro traço fundamental do socialismo chinês é a expansão das formas públicas e coletivas de propriedade, o que reduz progressivamente a influência da lei do valor e dos mecanismos de mercado e desenvolve uma forma superior de organização social baseada na racionalidade, na planificação e na hegemonia política do proletariado.

Para Jabbour, o socialismo chinês se expressa em uma nova economia de projetamento, diferente de um Estado Desenvolvimentista. O Estado Socialista é um instrumento do Partido Comunista, não se funde a ele. Por sua vez, o Partido Comunista é responsável, após se apropriar de inovações tecnológicas disruptivas, por introduzir de forma consciente, via tecnologia, contradições no seio do sistema econômico. Jabbour aponta que o modo de produção socialista dominante na China possui uma "capacidade do Estado atuar na economia é quantitativamente maior e qualitativamente superior do que o verificado no capitalismo. O aumento da produtividade das estatais foi acompanhado pela maior coordenação estatal. Elias aponta que a crise financeira asiática de 1997 acelerou a implantação de novos marcos institucionais que se completariam com a formação, em 2002, da State-Owned Assets Supervision and Administration Comission (SASAC).

Ao lado de um grande pacote fiscal transformado no Programa de Desenvolvimento do Grande Oeste (1999), ocorreu um intenso processo de fusões e aquisições no setor estatal da economia levando a formação de 149 conglomerados empresariais localizados nos setores-chave da economia, tornando-se o chamado "núcleo duro" da economia chinesa. Um novo e centralizado "grande capital estatizado" emerge desde então. As empresas desse grupo – apesar de sua drástica redução – tornaram-se mais importantes, mais intensivas em capital e tecnologia e mais lucrativas em relação ao setor privado. Não é exagero afirmar que a combinação entre coordenação do investimento (SASAC) e um sistema estatal de intermediação financeira levou a um patamar superior a atuação estatal. A formação da SASAC como elemento fundamental de coordenação estatal sobre o investimento remete a outra questão que se coloca na análise de experiências de intervenção massiva do Estado sobre o ciclo econômico: trata-se da existência, ou não, de "policy space" para políticas de socialização do investimento em um ambiente de economia globalizada e financeirizada. Nesse sentido, sobre o caso da China, percebe-se que a reorganização contínua de atividades entre os setores estatal e privado não prescindiria do próprio controle do Estado não somente sobre o núcleo duro da finança e do sistema produtivo, mas também sobre os mecanismos fundamentais do processo de acumulação, como as taxas de juros e câmbio – além do necessário isolamento da política monetária dos humores da economia internacional, via controle sobre o fluxo de capitais.

Elias aponta que esse diferencial de produtividade entre empresas estatais, township and village enterprises (TVE), empresas de capital misto, etc. pode guardar respostas no surgimento de um "novo modelo" na China mais voltado para o desenvolvimento da fronteira tecnológica, com projetos como o Made in China e a mais de centena de bilhões de dólares na chamada inteligência artificial, plataforma 5G e no Big Data. Esses aparatos suportarão as novas e superiores formas de planificação. Jabbour afirma que um novo modo de produção está surgindo na China, com muitas similaridades da "Nova Economia do Projetamento" proposta por Ignácio Rangel para designar o modo de produção que surgia da fusão entre a economia monetária, o keynesianismo e a planificação soviética. Trata-se da plena integração entre produção, distribuição circulação, oferta, demanda e dados financeiros. Afora a rápida mudança na divisão social do trabalho com o encaminhamento planificado do campo com a cidade.

A China "socialismo de mercado". Na verdade, ao permitir o surgimento e o florescimento de um nada pequeno setor privado e, de outro, reformas institucionais aceleradas desde a segunda metade da década de 1990, levaram ao surgimento tanto de um ambiente propício ao que Keynes "socialização do investimento" quanto de cerca de 100 grandes conglomerados empresariais estatais e um robusto e capilarizado sistema financeiro também estatal como o núcleo duro, ao lado do poder político de novo tipo exercido pelo Partido Comunista da China, do "socialismo de mercado". A implicação política de todo esse processo é que o capitalismo ocidental se vê diante de um concorrente estratégico nada modesto e pronto a se tornar o centro dinâmico da economia internacional. Em grande medida a humanidade, nas próximas décadas, terá à sua disposição a alternativa que vem da China Ocidente Jabbour entende que umas principais características desta nova formação econômico-social é a imensa capacidade de coordenação do Estado para colocar suas dezenas de conglomerados e sistema financeiro a executar imensas obras de infraestruturas, podendo ser caracterizada pela coexistência em uma mesma formação econômico-social de modos de produção distintos.

Na China existe um setor estatal na economia que é o dominante e único capaz de irradiar efeitos de encadeamento para toda a economia chinesa, inclusive ao setor privado. A agricultura está em processo de transição de modo de produção em que a "pequena produção mercantil" está dando lugar a formas superiores de propriedades não capitalistas. O Partido Comunista, além de exercer o poder político, espalha seu poder sobre toda a economia não somente através de empresas públicas, mas também com os comitês de fábrica que se capilarizaram e passaram a ter voz, inclusive no setor privado em um processo que se acelera desde 2012. É muito complicado falar na existência de um "socialismo puro", porém a China certamente é a forma de engenharia social mais avançada que existe no mundo, mais distante de um capitalismo, seja liberal ou de Estado e mais próximo de formas socializantes, o que não encerra as imensas contradições existentes por lá, ao contrário: são as contradições o principal motor das transformações do país. Interessante notar que o setor público na China detinha o controle de 77% das forças produtivas no país em 1978 e hoje diminuiu para 30%. Porém a capacidade de realização do Estado é muito maior.

Assim novas e superiores formas de planificação sendo gestadas e executadas em larga escala na China. A partir de 1978, a China fez sucessivas alterações em seu modo de produção, conformando o que hoje é a economia socialista de mercado. Planejamento global amplo, produção de mercadorias respeitando a lei do valor, propriedade estatal da terra, controle da política monetária e da de investimentos, remuneração segundo o trabalho, ter por objetivo central o desenvolvimento das forças produtivas, ampliar a democracia, reforçar o sistema legal socialista, descentralizar e, finalmente, promover a coexistência de diferentes formas de propriedade sob a égide da propriedade social, tais são, em grandes linhas, algumas das características da economia socialista de mercado que se desenvolve na China. Ditas características ultrapassaram a planificação ultracentralizada, de inspiração soviética, a uniformidade distributiva que mirava o "igualitarismo", a estatização total dos meios de produção e a exacerbação da burocracia.

Podemos afirmar que a experiência, até agora exitosa na China, demonstra que o socialismo de mercado é um poderoso vetor de crescimento econômico e social. Sua experiência aproveitou dos excedentes de capitais dos países desenvolvidos e da decisão de relocalização de plantas industriais das corporações empresariais. Num movimento arriscado, aproveitou da reestruturação do capitalismo desenvolvido para intensificar a recepção de investimentos externos, com Zonas Econômicas Especiais, onde os investidores estrangeiros podiam investir desde que se associassem a empresas nacionais, inclusive estatais, e transferissem a elas novas ou altas tecnologias. Com conhecimento das lacunas de suas cadeias produtivas, e sem medo de enfrentar a concorrência e os problemas próprios do modo de produção capitalista, estabeleceram programas específicos e controlados para atrair investimentos diretos e plantas industriais, de modo a adensarem aquelas cadeias e introduzirem tecnologias avançadas em suas empresas estatais. Como resultado, há um crescente e rápido crescimento industrial e agrícola, acompanhado da transferência de grandes massas da população dos trabalhos agrícolas para trabalhos de construção e produção industriais, comerciais e de serviços. Ocorreu uma crescente geração de riqueza, que permitiu uma redistribuição constante da renda, embora com desigualdade. A participação da economia chinesa no mercado mundial deu um salto.

A questão de fundo é que, durante os anos do período de transição na China, consolidou-se o mais progressista entre todos os modos de produção, que até então existiram na história — *o modo de produção socialista de mercado.* A China promoveu ativamente a reforma do sistema de economia de mercado socialista, que tornou o desenvolvimento da China próspero, sua força nacional geral continuou a aumentar e seu status no mundo tem melhorado continuamente. A produção socialista se desenvolve de modo planificado e ininterrupto, a base de uma técnica avançada, sendo que a firme elevação do bem-estar das massas constitui estímulo para a ampliação da produção e garantia contra as crises de superprodução e o desemprego.

A China pode ser interpretada como leninista de mercado, uma formaç pela união política da economia de mercado com as instituições políticas leninistas. O termo "leninismo de mercado" "China Wakes", Kristof e Cheryl Wu Dunn (1995) empregam o termo "leninismo de mercado" para descrever uma fase atual da história social chinesa, definida principalmente pela ascensão dos mercados na vida econômica em conjunto com a manutenção do Estado marxista-leninista. É o Partido, e não os capitalistas, que dita as políticas estatais e preside a economia. Historicamente, os mercados foram (seletivamente) adotados por serem a única opção viável quando as instituições econômicas do socialismo estatal definharam, mas a reconfiguração institucional garantiu que as instituições de mercado permanecessem subordinadas aos princípios leninistas. Sem dúvida, regimes leninistas de mercado são confusos. Em economias políticas que incorporam economia de mercado, política leninista e relações de propriedade nebulosas, rótulos convencionais como "capitalista" e "comunista" e distinções categóricas entre "público" e "privado" perdem valor. Sua singularidade reside na sua capacidade de contribuir para o desenvolvimento das forças produtivas e se subordinar a um processo de constante redistribuição de renda, de presença da sociedade e do Estado na economia através de empresas de propriedade cooperativa, pública, estatal e mista. Para Jonathan D. London:

> O termo "leninismo de mercado" é útil na medida em que destaca características institucionais preponderantes da economia política e descreve a atividade social em diversos contextos sociais. O leninismo de mercado surgiu dos fundamentos erodidos do socialismo de Estado. Explicar o leninismo de mercado, portanto, requer uma análise do desenvolvimento e declínio do socialismo de Estado, examinando como as qualidades particulares do socialismo de Estado e as circunstâncias de seu declínio afetaram os caminhos para um novo regime. O mesmo deve ser feito para os regimes leninistas de mercado, explorando seus primórdios e sua evolução contínua nos últimos 30 anos na China e no Vietnã. Além disso, comparar regimes leninistas de mercado com outras formas de economia política fornece insights sobre os efeitos e limites da dependência de trajetória, a partir dos quais descrições ideais-típicas de suas instituições políticas, econômicas e de bem-estar social podem ser identificadas e elaboradas. As instituições de bem-estar social leninistas de mercado refletem dois princípios de desigualdades sociais — desigualdades enraizadas nas trocas de mercado e aquelas decorrentes da relação com os meios de alocação administrativa. Assim, o efeito da evolução e involução do socialismo de Estado, bem como dos subsequentes desenvolvimentos leninistas de mercado, na desigualdade social é devidamente explorado.

A China firmou 25 milhões de empresas nos últimos quarenta anos. Construiu mais de 150 zonas de desenvolvimento de alta tecnologia. Com diversas inovações institucionais, "levou ao desenvolvimento de um Estado empreendedor dentro de um Estado altamente centralizado" (LIN, 2023, p. 115). O planejamento estatal desempenha um papel crucial na economia chinesa, coexistindo com mecanismos de mercado. O governo chinês utiliza o planejamento como ferramenta para direcionar o desenvolvimento econômico e social, definir metas e prioridades, e implementar políticas que visam o crescimento e o desenvolvimento. A economista chinesa Keyu Jin diz:

> O Estado chinês tem três características principais. A primeira é seu poder: ele dispõe de recursos e de capacidade administrativa para mobilizar rapidamente uma ação coletiva a serviço dos objetivos da nação. A segunda é sua estrutura de centralização política, combinada com a descentralização econômica, que dá espaço para que uma atividade empresarial local criativa ocorra à sombra das orientações centrais. A terceira característica é sua adaptabilidade (Jin, 2024, p. 106).

Consumidores, empreendedores e o Estado na China, nenhum deles age como um agente econômico convencional. As famílias chinesas costumam tomar decisões pensando de forma coletiva, e não individual, decisões que levam em conta uma rica rede de relações intergeracionais e de deveres que muitas vezes são colocadas acima do interesse de cada indivíduo. Os empreendedores tomam decisões não somente baseados no que vai aumentar o lucro de suas empresas, mas também equilibrando relações delicadas com autoridades locais, pensando em como alinhar seus objetivos com as políticas nacionais e regulamentações que afetam seu negócio (Jin, 2024, p. 16).

No Leviatã Socialista da China, é propriedade do Estado: os solos urbano e rural, os principais instrumentos de desenvolvimento econômico (estatais em setores estratégicos, política industrial, juro, crédito, câmbio e sistema financeiro). As áreas onde as estatais devem atuar são discriminadas. As atividades econômicas que concernem à soberania e à segurança do Estado, os setores com fortes graus de monopólio e com efeitos notáveis no bem estar público, as indústrias básicas, as indústrias de exploração de recursos nacionais, as indústrias de processamento, os ramos de produção em estado incipiente e as atividades que têm forte incidência na economia nacional e nas condições de vida da população, devem ser firmemente controladas pelo Estado. O capitalismo nunca manteve uma posição dominante de longo prazo na China. O planejamento estatal desempenha um papel crucial na economia chinesa, coexistindo com mecanismos de mercado. O governo chinês utiliza o planejamento como ferramenta para direcionar o desenvolvimento econômico e social, definir metas e prioridades, e implementar políticas que visam o crescimento e o desenvolvimento. Ao contrário dos países ocidentais, o Estado chinês dispõe de recursos e de capacidade administrativa para mobilizar rapidamente uma ação coletiva a serviço dos objetivos da nação.

O Estado chinês é dotado de um poder singular e manipula uma gama de instrumentos que podem ser postos em ação para dirigir, gerenciar e impulsionar a economia para qualquer direção. Esses dispositivos de intervenção em massa não têm paralelo. Diretrizes de políticas públicas, regras e regulamentos podem ser definidos quase sem obstrução do governo. O Estado pode anular regras antigas e criar novas regras da noite para o dia, determinando quando, como e em quais empresas pode-se investir no exterior, concedendo ou negando permissões e licenças específicas ou manipulando o sistema financeiro para servir a uma meta nacional. Mas esse poder não é ilimitado. Controles internos e a competição restringem a corrupção. Uma sociedade civil cada vez mais exigente responsabiliza mais o governo por uma gama maior de problemas. As mídias sociais constituem uma plataforma de monitoração mútua entre o povo e o governo (Jin, 2024, p. 17).

Estas características nos remetem ao conceito de capitalismo de Estado, elaborado por Lênin, não o praticado em países capitalistas. Jabbour está certo ao apontar "o (muitas vezes subestimado) peso absoluto, direto ou indireto, da propriedade pública dos meios de produção e, mais amplamente, a profundidade e extensão do controle estatal das '*commanding heights*' da economia não nos permite ver o capitalismo de estado como a característica dominante do sistema socioeconômico atual da China". Porém, a designação da China como capitalismo de Estado deve ser levada a cabo considerando seu caráter socialista que, apesar das formas de liberalização econômica adotadas, o Estado mantém intocado o seu papel político. Nessas bases, o Estado é chamado a dirigir e orientar, controlar e regular, a via do capitalismo do Estado. Em grande medida, o capitalismo de Estado da NEP. A novidade da China é a emergência de um novo tipo de socialismo baseado na visão da NEP de Lênin. O conceito de "capitalismo de Estado" desenvolvido por Lênin, que corresponde às formas de desenvolvimento das forças produtivas sob hegemonia do poder proletário, corresponde a formação do novo modo de produção socialista de mercado chinês. Ele se afasta da conotação vaga dada por um "capitalismo de Estado" com fenômeno em países capitalistas. Para nós, as observações de Jabbour reafirmam que a das reformas socialistas na China apontam para uma NEP aprimorada, longa, extensa e tectônica. Em suma, a "nova economia do projetamento" é uma verdadeira NEP de nova geração no sentido leninista, adaptada às condições nacionais. Só que, ao contrário da URSS, a NEP chinesa conseguiu absorver a produção e a técnica mais avançada no mundo, superando qualquer expectativa. O socialismo de mercado é uma reinvenção do capitalismo de Estado da NEP, mesclando o Estado leninista e planejador com as instituições de mercado. Afinal, capitalismo de Estado ou socialismo de mercado? Diria que são ambos. Só que "capitalismo de Estado", no sentido de Lênin e da NEP, isso é, não sob a força política capitalista. Para Lênin, "capitalismo de estado sob hegemonia proletária", para Deng, "socialismo de mercado". Seja como for, se pratica um processo de transição socialista, uma espécie de "leninismo de mercado" que tem sido capaz de sustentar a ascensão da China como potência econômica global mais avançada de nossa época histórica a partir de uma clara ação do Partido e do Estado sobre várias esferas da sociedade.

10. Lições da NEP

Estamos vendo (com diferentes reações) a ascensão global da China e outras experiências socialistas remanescentes sob um novo paradigma que se pode denominar de forma ampla como "socialismo de mercado", variações de NEPs, um sistema que engloba diferentes cadeias produtivas e territórios e já apresenta uma superioridade ao capitalismo em diversos quesitos. Incorpora elementos capitalistas, mas fortalece ainda mais o setor público das estatais, cooperativas e empresas mistas. É planejamento e mercado ao mesmo tempo, remediando excesso de ambos, processo que não é livre de contradições. Parte-se da constatação de que, considerando a etapa de estágio de desenvolvimento das forças produtivas, o caminho socialista terá que conviver com uma proporção de ações capitalistas que contribuam para completar aquele desenvolvimento, conjugando diversas formas de propriedade: estatal, privada, pública não estatal, empresas mistas, associações público-privadas, público-público, público-cooperativas, cooperativo-privadas, empreendimentos de economia solidária. No socialismo a economia de propriedade pública não se limita às economias estatais e coletivas, abrangendo em si ainda os componentes de propriedade estatal e de propriedade coletiva dentro das economias de propriedades mistas.

O socialismo em países atrasados provavelmente deve combinar e promover diversas formas de propriedade social, desde empresas cooperativas até empresas estatais e associações destas com capitais privados, passando por um amplo leque de formas intermediárias nas quais trabalhadores, consumidores e técnicos estatais combinam-se de diversas formas para engendrar novas relações de propriedade sujeitas ao controle popular. Um socialismo que potencialize a descentralização e a autonomia das empresas e unidades produtivas e, ao mesmo tempo, faça possível a efetiva coordenação das grandes orientações da política econômica. Um socialismo com um ordenamento econômico mais flexível e diferenciado, no qual a propriedade estatal dos recursos estratégicos e dos principais meios de produção – questão não negociável – conviva com outras formas de propriedade pública não estatal, ou com empresas mistas nas quais alguns setores do capital privado se associem com corporações públicas ou estatais, ou com companhias controladas por seus funcionários em associação com os consumidores, ou com cooperativas ou formas de "propriedade social" fora da lógica da acumulação capitalista.

O setor público deve apoiar e desenvolver a área socialista da economia, proporcionar uma industrialização sobre a base de relações de produção socialistas, introdução de elementos de planificação econômica e gestão socialista. Não é necessário que seja por meio apenas da grande indústria, mas também com manufaturas. As formas de propriedade social, tais como autogestão, comunal e a propriedade estatal devem passar a jogar um papel crescente no sistema econômico. A formação de novas estatais também pode contribuir para o aceleramento de setores de ponta e a transformação de todas as estatais em indutoras de industrialização. Consórcios estatais-privados também deveriam atuar para o desenvolvimento das micros, pequenas e médias empresas capitalistas, industriais e agrícolas, na perspectiva de romper os oligopólios das grandes burguesias, estrangeiros e nacionais, reforçar a pequena e a média burguesia e, portanto, incentivar a competição entre elas. O mesmo em relação às cooperativas e empresas solidárias. O desenvolvimento das economias não-estatais sob as condições de predominação da economia de propriedade pública é a exigência objetiva do desenvolvimento da força produtiva na fase inicial do socialismo, e desempenha importante papel para satisfazer as necessidades diversificadas da população para a vida material e cultural, ampliar os empregos e promover a expansão de toda a economia nacional.

Tensões e contradições num processo de construção deste modo de produção socialista de mercado, guardada as características nacionais, são geradas inevitavelmente. É evidente que o socialismo não é a erradicação da discórdia, a criação de unanimidades em torno do "bem comum" ou a geração espontânea e permanente de consensos. Se o socialismo fosse sem conflitos, defeitos e contradições, se está no reino na utopia, no pior sentido do termo. Por isso, o socialismo de mercado, apesar das contradições, supera a perda do escopo e a pureza da agenda socialista, colocando mais concreto onde reinam boas intenções.

Quanto mais povos e países iniciarem transições socialistas fortalecendo este modo de produção emergente, podendo desafiar o capitalismo financeiro e transnacional, inibir suas tendências mais destrutivas, como guerras, fome, miséria, desemprego, crise climática, colonialismo, etc., mais rápido poderá uma ofensiva socialista conter as inerentes tendências destrutivas do capital. Não se sabe se o socialismo de mercado será a formação social de transição em todos os países. Até porque mesmo em sociedades pós-revolucionárias é provável que não existam condições internacionais para sua plena realização. Apesar disso, a experiência até agora exitosa demonstra que o socialismo de mercado é uma poderosa estratégia cujos paradigmas podem ser utilizados por qualquer país para seu desenvolvimento. Diante do capitalismo em crise, o socialismo de mercado – ou capitalismo de Estado em transição socialista, na concepção de Lênin – oferece uma estratégia para desafiar o capitalismo financeiro e transnacional, inibir suas tendências mais destrutivas, como guerras, fome, miséria, desemprego, crise climática, colonialismo, etc. Quer se goste ou não, o socialismo de mercado – uma espécie de NEP leninista – se consolida como um novo horizonte estratégico.

11. Referências

ARRIGHI, G. Adam Smith em Pequim. São Paulo, Boitempo, 2008.

BUKHÁRIN, N. Teoria económica del período de transición. Córdoba, Pasado y Presente, 1974.

CARR, E. El Socialismo en un Sólo País. 3 vols. Madrid, Alianza, 1966.

________. A Revolução Bolchevik. 3 vols. Porto, Afrontamento, 1977.

ENGELS, F. Do socialismo utópico ao socialismo científico. São Paulo, Centauro, 2005.

JABBOUR, E. China: socialismo e desenvolvimento – sete décadas depois. São Paulo, Anita Garibaldi, 2020.

_______. China Hoje: Projeto Nacional, Desenvolvimento e Socialismo de Mercado. São Paulo: Anita Garibaldi/ EDUEPB, 2012.

JABBOUR, E; GABRIELE, A. China: Socialismo do século XXI. São Paulo, Boitempo, 2021.

JABBOUR, E; DANTAS, A; BELMONTE, A. "Ciclos econômicos, desenvolvimento e mercado: anotações sobre o socialismo e a 'etapa primária'. In: BERTOLINO, O; MONTEIRO,

A. (Org.) 100 anos da Revolução Russa: legados e lições. São Paulo, Anita Garibaldi, 2017.

JABBOUR E.; DANTAS, A. Na China emerge uma Nova Formação Econômico-Social. Princípios, nº 154, p.70-86, 2018.

JABBOUR, E.; BELLUZZO, L. Quando o socialismo fabrica o mercado. Carta Capital, n. 1324, p. 40-43, 2019.

JIN, K. A Nova China: para além do socialismo e do capitalismo. São Paulo, Edipro, 2024.

LANE, D. Porque o socialismo de mercado é uma alternativa viável ao neoliberalismo? Revista da London School of Economics and Political Science, 2013.

LANGE, O. On the economic theory of socialism: Part one. The Review of Economic Studies, Vol.4, 1934.

L NIN, V. "Sobre as tarefas do proletariado na presente revolução". In: Obras Escolhidas. São Paulo, Editora Alfa-Ômega, vol. 2, pp. 11-48, 1980

______. "Imperialismo, fase superior do capitalismo". In: Obras escolhidas. 3ª edição. São Paulo: Alfa-Omega, vol. 01, 1986.

______. Que fazer? In: ______. Obras escolhidas. São Paulo: Alfa-Omega, 1979a. p. 77-214. (tomo 1).

______. A guerra e a social-democracia da Rússia. In: ______. Obras escolhidas. São Paulo: Alfa-Omega, 1979b. p. 559-564. (tomo 1).

______. A catástrofe que nos ameaça e como combatê-la. In: ______. Obras escolhidas. São Paulo: Alfa-Omega, 1980a. p. 165-200. (tomo 2).

______. O Estado e a revolução. In: ______. Obras escolhidas. São Paulo: Alfa-Omega, 1980b. p. 219-305. (tomo 2).

______. As tarefas imediatas do poder soviético. In: ______. Obras escolhidas. São Paulo: Alfa-Omega, 1980c. p. 557-587. (tomo 2).

______. Acerca do infantilismo de "esquerda"

______. Sobre o imposto em espécie (o significado da nova política e as suas condições). In: ______. Obras escolhidas. São Paulo: Alfa-Omega, 1980g. p. 492-520. (tomo 3).

______. Os sem partido e o poder soviético. Discurso gravado em disco. In: ______. Obras escolhidas. São Paulo: Alfa-Omega, 1980h. p. 521. (tomo 3).

______. Sobre o imposto em espécie ou sobre o imposto em espécie e a livre troca de excedentes de cereais. Discurso gravado em disco. In: ______. Obras escolhidas. São Paulo: Alfa-Omega, 1980i. p. 522. (tomo 3).

______. Para o quarto aniversário da Revolução de Outubro. In: ______. Obras escolhidas. São Paulo: Alfa-Omega, 1980. p. 544-550. (tomo 3).

______. Sobre o monopólio do comércio externo. In: ______. Obras escolhidas. São Paulo: Alfa-Omega. 1980p. p. 611-617. (tomo 3).

______. Cinco anos da Revolução Russa e perspectivas da Revolução Mundial. Relatório no IV Congresso da Internacional Comunista, em 13 de novembro de 1922. In: ______. Obras escolhidas. São Paulo: Omega. 1980q. p. 618-628. (tomo 3).

______. Sobre a cooperação. In: ______. Obras escolhidas. São Paulo: Alfa-Omega. 1980r. p. 657-662. (tomo 3).

______. Como devemos reorganizar a inspeção operária e camponesa. In: ______. Obras escolhidas. São Paulo: Alfa-Omega, 1980s. p. 666-669. (tomo3).

______. É melhor menos, mas melhor. In: ______. Obras escolhidas. São Paulo: AlfaOmega, 1980t. p. 670-681. (tomo 3).

LOSURDO, D. Fuga da história? A revolução russa e a revolução chinesa vistas de hoje. Rio de Janeiro: Revan, 2004.

MARCELINO, F. Reflexões sobre o socialismo chinês. Curitiba, Kotter Editorial, 2025.

__________. Quem tem medo do projetamento? Curitiba, Kotter Editorial, 2024.

__________. A revolução das cidades inteligentes na China. Curitiba, Editora Appris, 2024.

__________. Marx no Século XXI. Curitiba, Ed. Autor, 2021.

__________. Deng Xiaoping: as ideias que transformaram a China na superpotência do século XX. Curitiba, Kotter editorial, 2025.

MARTI, M. A China de Deng Xiaoping - O homem que pôs a China na cena do Século XXI. Rio de Janeiro, Nova Fronteira, 2007.

MARX, K. Introdução à contribuição para a crítica da economia política. São Paulo: Expressão Popular, 2008.

MIGLIOLI, J. Introdução ao planejamento econômico. São Paulo, Brasiliense, 1982.

NAUGHTON, B. Is China socialist? Journal of Economic Perspectives, v. 31, n. 1, p. 3-24, 2017.

NOVE, A. A economia do socialismo possível – lançado o desafio: socialismo com mercado. São Paulo: Ática, 1989.

POMAR, W. O enigma chinês: capitalismo ou socialismo. São Paulo, Alfa-Omega, 1987.

PREOBRAJENSKI, E. A nova teoria econômica. Rio de Janeiro: Paz e Terra, 1979.

ROTHSTEIN, A. Man and Plan in Soviet Economy. Londres, Frederick Muller Ltd., 1948.

SHAOGUANG, W. China's Rise and Its Global Implications. Springer Books, 2021.

VIZENTINI, P. A Revolução Soviética: o socialismo num só país. São Paulo, Mercado Aberto, 1989.

XIAOPING, Deng. Selected Works Vol. I. Beijing: Foreign Language Press, 1983.

__________. Selected works Vol II. Beijing: People's Press, 1993.

_________. Selected Works Vol. III. Beijing: Foreign Language Press, 1992.

ZIZEK, S. Às Portas da Revolução. Escritos de L nin de 1917. São Paulo, Boitempo, 2011.

Sobre o autor

Nasceu em Curitiba. Pós-Doutor em Política Públicas e Planejamento Urbano, doutor em Sociologia e mestre em Ciência Política e graduado em Relações Internacionais. Militante do Movimento Popular por Moradia (MPM). Integrante do Mimesis Conexões Artísticas.

Introdução ao Planejamento na China: planos quinquenais e desenvolvimento urbano, *A Revolução das Cidades Inteligentes na China*, *Quem tem medo do projetamento?*, *Reflexões sobre o Socialismo Chinês*, *Deng Xiaoping: as ideias que transformaram a China na superpotência do século XXI*, *A China se prepara para o declínio dos EUA: Trump, guerra comercial e a Nova Desordem Mundial* e *A Revolução da Agricultura Inteligente na China: perspectivas para o desenvolvimento rural integral.*

Classes Dominantes no Paraná Contemporâneo: Família, Poder e Riqueza, *COVID-19 e a nova geopolítica global*, *Marx no século XXI: valor, crise e capitalismo financeiro*, *Guerra Civil Brasileira: 1891-1894*, *Em Defesa do Projetamento: Ignácio Rangel e os desafios brasileiros*, *Geopolítica Hídrica Global*, *Do Terceiro Mundo à emergência do Sul Global Estratégias de Desenvolvimento no Sul Global: capitalismo monopolista, capitalismo de Estado ou socialismo de mercado?*, *Mudar o mundo tomando o poder* (org.) e *Leviatã Socialista: Marx com Hobbes.*

Outra vertente de suas obras é na literatura, com os livros *Desencontros e seus golpes Profeta Joel no fim dos tempos* popular), *Revolta Paraná Haikais* (poesia), *Civilização da Mandioca e outros poemas luso-tropicais* (poesia), muitos pela Kotter Editorial.

pólen bold 90 gr/m2
tipologia calisto mt
impresso no inverno de 2025